あなたは、「別れ」でもっと輝ける！

ワタナベ薫

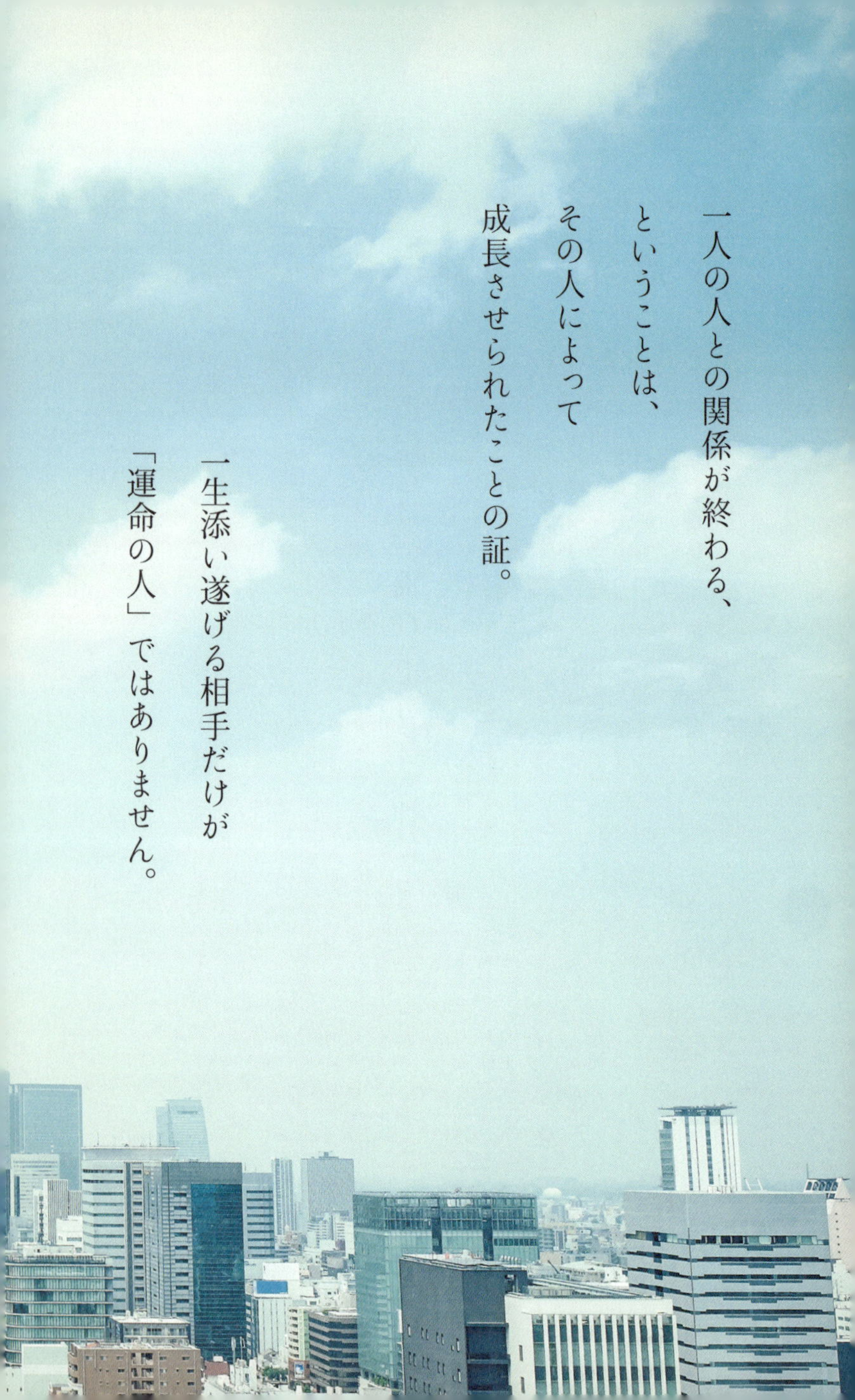

一人の人との関係が終わる、
ということは、
その人によって
成長させられたことの証。

一生添い遂げる相手だけが
「運命の人」ではありません。

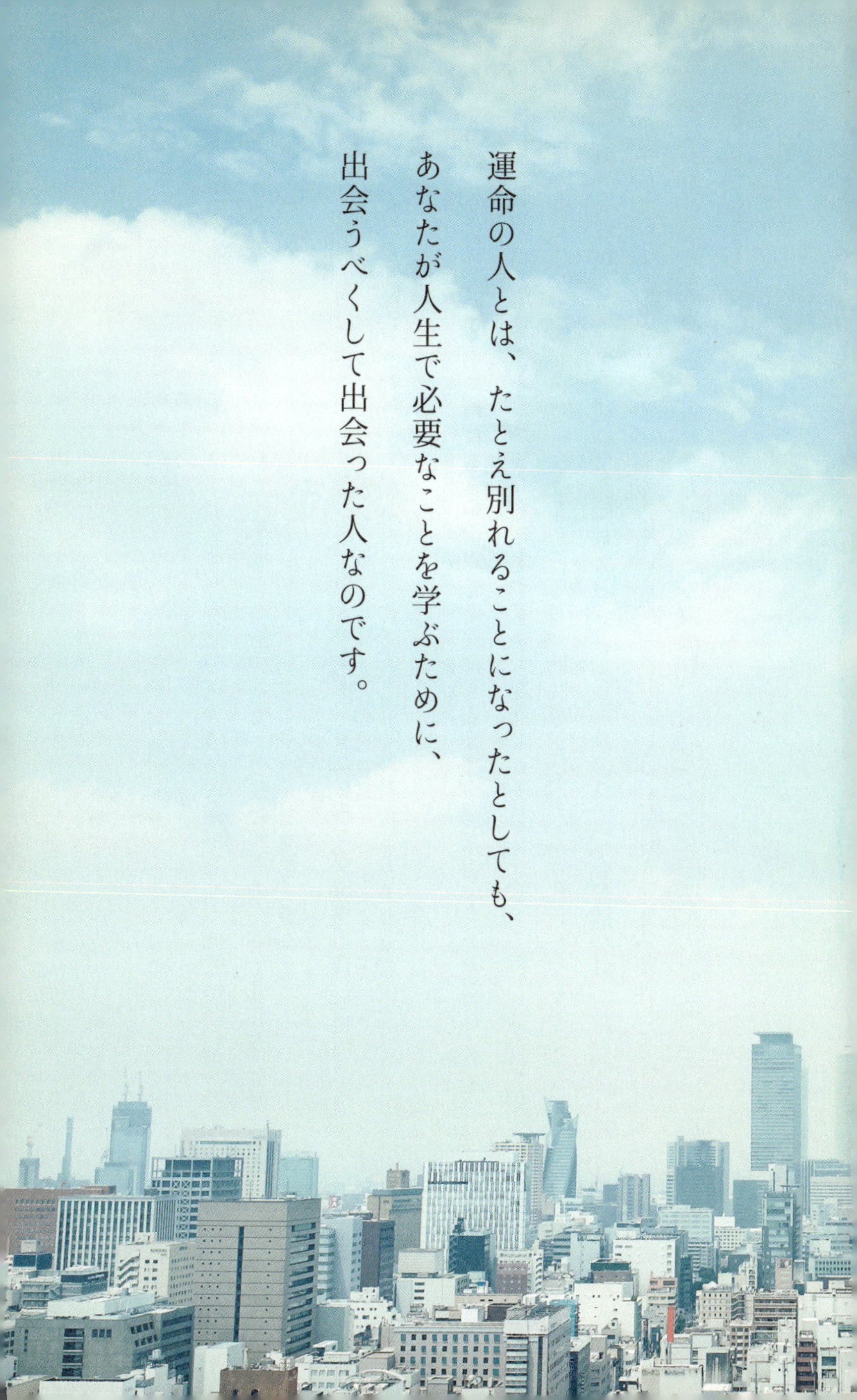

運命の人とは、たとえ別れることになったとしても、
あなたが人生で必要なことを学ぶために、
出会うべくして出会った人なのです。

はじめに

本書を手に取られた方の中には、失恋で目の前が真っ暗な状態、もしくは離婚問題で悩んでいらっしゃる方、誰かと別れて喪失感真っ最中の方、どなたかとの死別で悲しみに暮れている方がいらっしゃるかもしれません。

いずれにしても、「別れ」というのは、出会いと違って悲しみ、喪失感、苦しみ、つらさ、いろんなネガティブな感情が絡み合うものでもあり、精神がすり減るものです。

「出会いは必然」とよく言われますが、同じく別れも必然です。大切な人との別れは、人生において一時的な痛みを与えますが、それを乗り越えてからは、出会いと同じように前向きなものとなります。その痛みは人としての成長に寄与し、人生の教訓となるのです。

そのことを知らないと、別れに直面したとき、悲しみに暮れて、心が砕かれ、長い間、ただ悲しみを引きずる人生となってしまいます。別れという経験は、悲しみが伴いますが実は非常に前向きなこと、良いことが起きる前触れだということを知っておきましょう。それを理解するだけで人生がまったく違ってきます。

本書は、今つらい気持ちでいる方への慰めとなり、そして、それを乗り越える方法、さらに、そこから心をオープンにして、前向きにいい出会いを引き寄せる方法について論じます。

私事ではありますが、私は本書の執筆中に、結婚生活一四年目となる夫との離婚が成立いたしました。本書のテーマと同じ体験をしたことによって、今回の執筆は私にとって人体実験のような状態でした。

人と人の別れというのは、相手との波長が違ったときに起きる自然なこと。夫婦に限らず、どちらかが変われば一緒にい続けることはないものです。元夫と自分との波長の違いを観察し、その結果一つわかったことがありました。

一緒にいることに関して違和感を覚え、違和感はときに不快感となり、そして波長が違ってくると、相手がまるで外国語を話しているかのように、何をいっているのかがわからなくなってくる、ということです。相手もそのように感じていたことでしょう。今まで、会話に主語が入らなくてもツーカーだった夫婦なのに、波長が変わってしまうと相手が何をいっているかわからなくなる、という興味深い経験をしたのです。

この離婚に必然性を感じたのは、やり直す、という努力をお互いにしてみても、無理があり、「ぶっちゃけどうしたいのか?」と各々が自問したときに、夫婦という関係性ではない、別の関係でいたい、と素直に思えたからです。離婚をお互いに決意したときには、不思議と心地よい関係性が生まれました。

日本の風潮では、夫婦は死ぬまで添い遂げることが美徳だと、まだまだ思われていますが、違和感がありながら死ぬまで一緒にいることに意味があるのだろうかと、本気で考える機会にもなりました。それは、夫婦関係のみならず、人間関係でも同じです。

そして約一年前に、一六年間私を支えてくれた愛犬のモモとの別れもありました。これは離婚よりもつらく、悲しみ、心にぽっかり穴が空いた感覚をしばらく味わいました。気をしっかり持たなければ、このままペットロス症候群になっていくのかもしれない、とも思いました。

しかし、私は東日本大震災の経験者であり、ペットを残して亡くなった人が近くにもたくさんいらっしゃって、飼い主がペットを見送れることがいかに幸せなことなのかも知っています。それらの経験も踏まえて、いろんな視点から書きました。

人生の中でどれほど多くの別れがあるかわかりませんが、誰もが必ず何度も訪れるこの痛みに関して、これまで論じている本があまりにも少なく、そしてその見方、捉え方、向き合い方は人生の中で非常に重要であると感じ、このたび本書を執筆するに至りました。

苦しみを軽くするためだけでなく、別れを前向きに捉え、乗り越えた先にある、あなた自身の強くて美しい、しなやかな精神作りにも役立てていただきたいと願っています。

あなたの一番興味のある章からお読みいただいて結構です。まずは、あなたが一番つらく思っていること、今直面していることから読み、心を軽くなさってください。その後、いずれ訪れるかもしれない、その他の別れについてじっくり読んでみてください。手放したときにこそ訪れる良いことに、目を留めることができるでしょう。

あなたはさまざまな別れを経験することによって、より一層輝いた人生を送ることができるのです。

contents

CHAPTER 1

第1章

CHAPTER 2

第2章

心地よくない関係は断つ
［友人関係など］………89

contents

CHAPTER 4
第4章

CHAPTER 1

第 1 章

愛する人との別れを乗り越える

[失恋・離婚・不倫]

簡単に別れを口にしない

本当は別れなくてもいいような関係なのに、別れを引き寄せやすい人がいます。人としての未熟さから安易に別れを匂《にお》わすような言葉を相手に吐き出してしまう人です。

若いときは「もうっ！　嫌い！」なんてほっぺを膨らまして、プイ！　とやってもかわいいかもしれませんが、年を取ってからそれをやってしまう人は危険信号です。かわいいと思える年代はとうに過ぎています。自覚しましょう。さらには、本気で思っていなくても、簡単に「離婚よ！　離婚！」とか「もう終わりね」なんてことを言葉に出している場合もあるでしょう。それは相手の愛情を確認して「そんなこというなよ」「別れないよ！」といった言葉をもらって安心するためかもしれません。しかし、それはすごく危ないことです。

言葉には力が宿る、というのはお聞きになったことがあるかもしれません。そして、本気でいっていない場合であっても、何度も何度も別れを口に出すことで相手のみならず自分の脳にもそれがインプットされてしまい、いえばいうほど別れに向かう道筋を作っていることになるのです。

言葉は簡単に撤回できるものと勘違いしている人も多いですが、たった一回の言葉でも、その言葉が別れの原因を本当に作ってしまうこともあると覚えておきましょう。そして、吐き出す言葉には責任を持ちましょう。言葉はエネルギーです。あなたが出したそのエネルギーは何らかの方法であなたに戻ってくるのです。

恋人同士の喧嘩でも夫婦喧嘩でも、売り言葉に買い言葉で、むしゃくしゃしてほんの出来心で発した言葉によって、相手が浮気への道にいざなわれることだってあります。きっかけは、小さな小さなたわいもない動機から発展して、剣で突き刺すような言葉を吐き出したりするのです。たとえば、「寂しかった」という感情があったとして、それを素直にいえばいいものを、「最近、家のこととかやってくれないじゃない！　あんたなんていらない!!」など、心にもないのに発してしまったきつい言葉がきっかけとなり、関係性にひびが入ることもあるのです。

本気でない限り、相手に簡単に別れなどを口に出すことがないように注意しましょう。

出してしまったときに、本当は別れなくてもいいのに、別れが訪れてしまうかもしれないのですから。

パートナーの浮気を知ったとき

「離婚・慰謝料あんしん相談所・みんなの夫婦生活」の調査結果によると、離婚原因のトップスリーは、一位が性格の不一致、二位が夫の不貞行為、三位が経済的理由だそうです。

彼氏や夫のいない独身者の方は、結婚している人や彼氏がいる人がとても幸せで満たされているように見えるかもしれませんが、こんな現実を数字で見てみると、そうでもないことがおわかりになるでしょう。しかも、この問題に直面しながらも離婚に至らなかった夫婦も多いことを考えると、夫婦関係がよく見えるのは、「隣の芝生は青く見える」のと同じなのです。

中には、「結婚なんてするんじゃなかった、一人のほうがよかった……」と本気で思っている既婚女性も多いのです。夫と毎日一緒に生活しているのにお互いを遠くに感じ隣にいるのにとても寂しい、という女性の方を何人も見てきました。ご主人が浮気していたり、もう自分を女として見てくれていないことの寂しさを抱えている女性はとても多いのです。

かといって、今さら離婚する勇気もないし、離婚したところで、またパートナーが現れるわけでもない。だとしたら、我慢して妥協して、このまま生活を続けるしかない、と思う方《かた》もたくさんいらっしゃるでしょう。

もし、パートナーが浮気をしている場合、二人の関係を取り戻すために努力してみて、それでもいい方向にいかなかったら、「ハイ！　次！」としてもいいでしょう。しかし、既婚者の場合、特にお子さんがいらっしゃる場合は、そうはいかないことが多いかもしれません。結論を出す前に考えてみてください。

あなたは彼との関係において何に価値を置いていますか？　自分のプライドですか？　世間体ですか？　それともどんな状態であってもパートナーと関係を続けることですか？　だとしたらそれはなぜですか？　お子さんへ及ぶ影響ですか？

そう考えると意外にシンプルです。あなたにとって一番心地のよい状態を選べばよいのです。

「ぶっちゃけ、私はどうしたいのだろう？」と考えてください。

さて、パートナーが浮気をしていることに気づいたときの対策について考えましょう。

おそらく、最初はつらい気持ちに苛《さいな》まれ、相手を責めたい気持ちになるかもしれません。もちろん、いいたいことを我慢する必要はありませんが、感情の整理ができた頃に考えてみて欲しいことがあります。

まずは、自問してみてください。奥様や彼女の立場の方を責めたいわけではありませんが、パートナーとの関係を最初と今とで比べてみて、自分自身が変わってしまった点はないでしょうか？

服装はどうですか？
メイクはどうですか？
体形は？
言葉遣いや、話す内容などはいかがですか？
パートナーに対する関心度は？
相手をけなしていませんか？
競争していませんか？
素直に気持ちを伝えていますか？

もし、改善できる点があれば、このような自問をして気づいたことを努力してみるのは大切です。特に女性がオッサン化したり、自らの容姿に構わなくなった場合、夫や彼氏が他の美しい女性に目を向けたくなるのは、わからなくもないでしょう。これらの点を改善して、もう一度関係を立て直す気があるのなら、そこに意識を傾け、努力いたしましょう。自分が成長する機会でもあるので、このような自問自答はおすすめです。

しかし、それでも!! これらが完璧にできている女性でも、パートナーとの距離がどんどん離れていくケースは、当然あります。

こんなケースがありました。結婚を機にモデルを引退したものの、体形もファッションもメイクも手を抜かず、夫に尽くしていた奥様がいました。それでも夫は浮気。夜の夫婦生活もない、とのことでした。

自問自答しても改善点が見つからない場合はどうしたらよいでしょう?

その場合は、先ほど述べたように「あなたは何に価値を置くか?」「ぶっちゃけどうしたいか?」ということだけを考えましょう。あなたが価値を置いたところに従って決定すればいいのです。

夫のことが嫌なら別れて、自分を愛してくれる人と一緒になればいいのです。しかし、別れるのが嫌なら、夫婦関係を戻す努力をしてみる。いくら話し合っても改善が見られず、それでも別れたくないなら惚れた者の弱みとして、自分を納得させながらその環境に身を置くことも仕方ないでしょう。

あなたの感情が一番心地よい!　と思えることを選択してください。

自分の人生ですから。

ただし、相手との関係性において、自分が弱い立場にはならないことです。つまり、「捨てられたくない〜。捨てないで〜!」といった相手への執着には気をつけましょう。こうなると、相手がどんどん離れていく可能性が高くなります。なぜなら、**人間は無意識に相手との関係性においてバランスを取ろうとする**からです。

パートナーに依存することをやめ、精神的自立をしてみてください。これはとても大切な点です。自分を愛してくれないパートナーを見て、胸を痛めるのは、あなたの外見にも大きな影響を及ぼします。相手だけを自分の世界のすべてにするのではなく、あなた自身が楽しいと思えること、あなたがいきいきできること、あなたが輝ける場所を作ってください。あなたが輝き出した途端、相手のあなたを見る目が違ってくる可能性があります。

基本的に、男性はハンターの資質があります。誰でも浮気したい生き物なのです。全員とはいいませんが、男性はそういう自分の性的なものを満たしたい、とDNAやら潜在意識やら本能やらに組み込まれています。

たとえば男性が、絶対絶対二〇〇パーセント奥さんにバレないという状況で、好みの女性と一晩共に過ごせますよ。さあ、どうしますか？　といわれた場合、高い確率で浮気する可能性があります。それはもう、本能だからしょうがないわけです。

私たちは感情や欲望を理性でコントロールはしていますが、人間ですから、ときどき理性を失うことくらいあるでしょう。

これは浮気を推奨しているわけでも、男性を下げているわけでもないので、誤解しないでください。もちろん、男性でも死ぬまで一途な方はいらっしゃいます。

寂しい気持ちを抱えたまま生活することで、自分の波動まで下げてしまいます。自分がパートナーとの関係で、何に価値を置いているのかを明確にし、当たり前のことではありますが、価値を置いたところに従って、意思決定していきましょう。

そして、あなたの決断を相手にも伝え、関係を続けるにしても、終わらせるにしても、しっかり話し合いをして改善するように努めましょう。

自分を愛してくれないパートナーと、惨めな思いをしてまでも、我慢して一緒にいる必要はありません。むしろ、浮気グセが直らないパートナーと一緒にいるよりは、自立して、輝いて、あなたを心から愛してくれる人と出会ったほうがよっぽど楽しい人生が送れることでしょう。

別れた後のつらいトンネルを抜け出るコツ

私は、コーチングのセッションのときに、何度もあらゆるケースの離婚問題を扱いました。割と多いケースが、夫から急に「離婚してくれ」といわれること。予想していなかった場合、将来に対する不安と恐れが大きくなり過ぎて、妻はパニックになるかもしれません。そのような試練、困難、逆境に急に直面したとき、とんでもなく大きなエネルギーを消耗することでしょう。抵抗して抵抗して、もしくは抜け出よう、抜け出ようと、考え込み、もがき、じたばたしてしまうかもしれません。

将来に対しての恐れや不安を抱《いだ》き、いらぬ妄想をしてしまい、絶対に離婚だけは避けたい！　と必死になり過ぎて、もっとエネルギーを消耗してしまうかもしれません。そうなると負のスパイラルに入り、もう生きている心地がしなくなります。急に離婚を迫られるケースで、そのような経験をする人は少なくないのです。夫婦であっても、恋人同士であっても、別れは突然やってくるものです。

そんなとき、感情のままに対処しようとするとろくなことになりません。もちろん、感情を吐き出すことは必要ですが、その後に客観的な対処を講じる必要があります。

最悪な事態と結果は何か？　を考えてみましょう。

「ひゃ～。もっと怖くなりそう～」と思われるかもしれませんが、感情的になってやみくもに不安になることはやめましょう。感情を出しきった後には、左脳的に対処してみるのです。

たとえば先ほどの例です。夫に、急に離婚届を叩き付けられたとします。あなたに愛想をつかしたかもしれない、他に女ができたかもしれない、いろんな事情があるかもしれません。あなたはもう、目の前が真っ暗になります。

ここで離婚したら、今後どうやって生活するの？　老後はどうするの？　私は夫を愛しているのに、その気持ちが踏みにじられた。もう、悔しくて悲しくて……ぐちゃぐちゃな気持ちになったとします。

あなたは離婚をしたくなくて、夫に泣いたりわめいたり、離婚なんかさせるものか！と闘志を燃やしたり、相手の女を突き止めてやる、と躍起になるかもしれません。そのような行動も数日くらいはいいかもしれません。あなたの感情を吐き出すことをしないと、苦しくなるからです。まずはそうやって感情のままに動くことを自分に許してもいいでしょう。

しかし、それを、何カ月も続けていたら、夫とやり直すどころか、ますます嫌われて、それこそ、無駄なエネルギーを消耗することになるのです。**感情を出しきった後は、「この件で、自分にとって超最悪な結果は何だろう？」と、冷静に考えてみましょう。**

まず、自分の人生にとって離婚が最悪か？　と考えてみるとどうでしょうか。

離婚で被《こうむ》るのは経済的苦難？　あ、でも実家に取りあえず戻ればいいか。生活は何とかなる。じゃあ、このケースでの最悪って何だろう？　老後ひとりぼっちで孤独死すること？　寂しく死ぬことが嫌か？　そうでもない……じゃあ、夫を失う悲しみと共に生き続けることが最悪な事態か？　そうかも……。あれ？　でも、自分と暮らしたくない、自分を愛していない、という人と一緒に暮らすって、それは本当に自分の幸せなの？　お互いなんとなく嫌な空気の中での生活にならないかしら?……ということは……自分を愛してくれない夫なんていらんわ!

……という具合に、すべて丸く思考が収まるわけではないにしても、長い目で考えると思ったより離婚が最悪ではないことに気づくでしょう。

では、人生の中での最悪って何だろう? 死ぬことを最悪なことと考えるかもしれませんが、死とは自分の人生をまっとうできたものに訪れるわけですから、見方によっては最悪とはならないでしょう。意外に、最悪なことなんて何もないのです。冷静に夫のいい分を聞いてみよう、という風になるかもしれません。

「そんな冷静に考えることなんてできません!」とおっしゃる女性は多いです。しかし、一旦冷静にならないと、自分にとって不利な決定をしてしまう可能性もあります。女性は感情で物事を考えるので、左脳的に処理するのは難しいかもしれませんが、誰でもできる方法があります。それは、感情を書き出す、ということです。

書くという行為は左脳で処理するもので、書いているときは、感情というフィルターが一旦はずれます。ですから、**感情的な女性が書き出しをするようになると、脳をバランスよく使えるようになる**のです。

今抱えているつらいことを、丸ごと受け入れることができるようになると、驚くような冷静さ、落ち着きが得られ、「執着」がなくなるので、あなたの望む結果を手に入れやすくなります。

冷静さは不可欠です。それを取り戻した後に現実的な対処をいたしましょう。原因が浮気ならば、相手の女性と夫から、しっかり慰謝料をもらうとか、親権はどうするか？　などを話し合いましょう。現実的な対処をした後は、「なるようになるわな〜」……の精神です。これが一番、執着がはずれて、いい方向に向かうことにつながります。

天に問題を放り投げてみましょう。

大きな事態が生じたときに、一番効果があるのはこれ。小さい問題は、逆にバタバタするかもしれませんが、自分ではどうしようもなく抱えきれない問題は、天に放り投げるしかないのです。つまり漢字の通り「放す」のです。

つらい現状を感情で受け止めると、問題が大きくなることがあります。最初は感情に浸ってアウトプットすることは必要でしょう。でもその後、このような手順を踏んで気持ちを整理していくと、非常に冷静に問題を見ることができるのです。

離婚って本当に「バツ」ですか？

日本では、だいたい三組に一組の夫婦が離婚しているそうです。アメリカに至っては、結婚した夫婦の半分ともいわれています。今の時代、離婚は珍しくなくなりました。しかし、未《いま》だに離婚のことを「バツ」といいます。日本では離婚した者に汚点が付いたかのようないい方をしているのです。

ずいぶん昔の話ですが、ブログが一般的になりつつある頃、とある人気ブロガーさんの「夫婦のあり方」や「夫婦円満の秘訣」、そして夫婦円満だとビジネスが加速する、という記事を読みました。

妻とはこうあるべき、夫の扱い方の云々が書かれているブログで、夫を立てること、おだてること、褒めること……こうすべき、ああすべき、などなど、妻としての具体的な行動やあり方などの指南書のようなものでした。

割ときつめな口調で、女は男を操縦できるもの、夫婦仲良くやる秘訣は妻にある、ということを発信していました。当時は私も夫婦仲が良かったものですから、ホントそうだな～と、うなずきながら読んだのを覚えています。

しかしその後、その方は離婚されたようです。きっと書かれていたことを実践していたのだと思うのですが、指南書通りにはいかなかったわけです。

このことから、理想の妻をやっていたとしても、どんなに夫のために尽くしても、美しくしていても、妻の鑑《かがみ》といわれるような人でも、「ダメになるときゃ、ダメになる」ということがわかります。私自身もまさかそれから数年後に離婚するとは思ってもみませんでした。我ながら、人生はわからないものだと未だに驚いています。

私もコーチングで、たくさんの女性の悩みや課題についてセッションする機会がありましたが、夫婦間について思うことは、対処方法をいろいろと尽くしてみても、ダメなときはダメなのです。ですが、ここからわかることは、離婚は失敗でもバツでもなく人間関係の学びである、ということ。それらを経験することは、コチラの世界での成長なんだということ。

私も一度目の結婚のときは、この人と離婚するなんて思ってもみませんでした。二度目の結婚のときには、なおのこと離婚するなんて頭の片隅にさえかすりもしませんでした。ま、当たり前ですね。離婚するかもなんて思って結婚する人はいませんものね。どちらの人と結婚するときも、相手のことが大好きだったし、夫婦仲もとても良かったのに、それでも別れが来ました。もし、三度目の結婚があるとしたら、「絶対」というのはないのだな、と柔軟な思考になることでしょう。

結局、今が良くても未来はわからないわけです。ですから、妻たる者はこうあるべき！のような「べき論」は存在しないのです。人は結局、背景も性格も問題もそれぞれ違うからです。

どんなにこうあるべきという理想の妻の役割をやっていたとしても、どんなに完璧に家事をこなして夫に感謝していたとしても、どんなに綺麗にしていても、どんなに夫を立てていても、お互いの学びが終われば、関係も終わる。

そこには正解も不正解もなく、夫婦も子育ても学びであり、修行である、ということ。あんなに優しかった夫が、急に豹変して手のひらを返したかのような態度を取るようになった、という話もよく聞きます。私のクライアントにも、たくさんいました。まるでキツネにつままれたようだと……。

しかしその場合、私の価値観でいわせていただければ、そんな**自分を愛してくれない男にすがるくらいなら、一人で生きていったほうがよっぽどいい。**「でも、子供が……」という方もいらっしゃるかもしれませんが、自分を愛してくれない夫のもとで、我慢してつらい自分の姿を子供に見せるよりは、のびのびいきいきと自分らしく生きていったほうがいいのではないでしょうか。

腹をくくって、「シングルになってもあなたを育てるわよ！」くらいの強さでいましょう。母は強し！　なのです。

そう私が思えるのは、経済的な自立があるからかもしれません。経済的に自立をしていると、選択肢が増えます。ですから、女性がもっともっとそうなっていくことを心から願っています。

離婚をすると、バツイチ、バツニのように、世間では離婚の度にバツをつけるでしょうし、自分からも、「バツイチ」です、なんていい方をするかもしれません。しかし、**離婚はバツでもなければ失敗でもありません。離婚は、ただその人から「卒業」したということです。**

私の周りにいるいい女のほとんどに離婚経験があります。「離婚」と「いい女」の関係性は、本当にあるのではないだろうか？　と思えるくらい、かっこいい女性、自立している女性は離婚を経験しています。そして、往々にして女性として魅力的な人が多いので、何度離婚していて子供がいても、また彼氏ができたり再婚しています。一度も結婚していない人より離婚経験がある人のほうが、たとえ年を重ねていても、ずっと成婚率が高いと婚活事業に携わっているプロもおっしゃっていました。

離婚できる人は、決断力のある人でもあります。結婚生活が嫌でも一人になるのは怖いものです。決断力と自立がなければ、なかなか離婚に踏み出せないのが事実です。そういうことを乗り越えた人ならではの強さと魅力があるのでしょうね。

かといって、これは離婚をすすめるものでも、婚姻関係を我慢して続けている人を低めているのでもありませんので誤解しないでください。離婚はバツではなくて、問題に直面して、解決して、成長して、その夫婦としての関係を終えました、ということなのです。後ろめたく思う必要も、肩身の狭い思いをする必要もないのです。第二、第三の人生をぜひ謳歌してください！

「あの人のことが忘れられない」という執着を手放す

離婚しても復縁を考えていたり、別れた後でも彼とよりを戻したくて、ずっとそれを夢見ている。そうこうしているうちに、あっという間に数年が経《た》ち、十数年が経ち……。あなたの心に居座らせている、現実では目の前に存在しない相手は、次なる恋を阻んでいます。そのうち恋愛の仕方も忘れ、結婚などは考えられなくなる人も多いのです。

一ついえることは、**ご縁は切れる人とは切れることになっており、つながる人とは、離れたとしてもまたつながることになっています。**ですから、大丈夫です。「大丈夫です」というのは、ご縁に関してはあなたが自力でどうこうしようとしなくても、すっかり忘れていたとしても、つながるときはつながります。ご縁がなければつながりません。ですから、別れたならもうすっかり忘れてください。

もう別れたのであれば、それは一旦、本当の意味でのお別れなので、あなたの心にスペースを空けて、過去を見ないで前に進むことをおすすめいたします。過去の人に感情を残してはいけません。過去を振り返ってばかりでいると、エネルギーが奪われ軽やかに前に進むのを邪魔してしまうのです。後ろ向きに生きていると、あなたから美しさをも奪ってしまいます。

ただし、無理やり忘れよう、忘れようとしても、気持ちは逆に向かおうとする傾向があります。ですから、自分がその過去の人に思いっきり執着している、ということをまずは認めることからしてみましょう。長い間、あなたはその人に愛を注いできたのです。当然のことです。ですから、いかに自分は愛情深い人間なんだろう、ということに気付いてください。

あなた自身も幸せになっていいのです。相手はあなたとの別れを選びました。相手はあなたを幸せにするのではなく、あなた自身を手放したのです。あなたはもっともっと幸せになっていいのです。もちろん、別れたその人以外の男性なんて想像できないかもしれませんが、それは今だけです。あなたを愛する運命の人は必ずいます。その男性とはご縁がなかったので別れが来たのです。天の判断は間違ってなどいないのです。

時間が必要ではありますが、まずは、その人と出会って得られたこと、学んだ教訓を思い巡らしてみましょう。そして、あなた個人が彼から卒業するためにしなければならないことがあります。それは、**彼との思い出の品を整理すること**です。

まずは、写真類です。勇気がいるかもしれませんが、のちにすっきりします。携帯電話やパソコンにある写真はデータを削除していきましょう。思いっきり泣きながらでもいいです。涙は心の浄化を助けますから、一枚一枚、「今までありがとう。これから私は頑張るよ！」と自分を励ましながら整理しましょう。

思い出の品、特に彼からのプレゼントに関しても、見ると彼を思い出す、というものであれば、処分しましょう。もちろん、「別に物には罪はないから」と割り切れるなら持っていても構いませんが、持っていて、それを見ると悲しくなる、または思い出に浸ってしまう、などの感情が出るようなものなら、処分しましょう。

物質からのバイブレーションとあなたの感情のバイブレーションが共鳴し合ってしまう

と、彼との思い出から卒業するのを邪魔してしまいます。ジュエリーなどは捨てるのがもったいないと思うなら、売っても構いません。ゴールドは案外高く買い取ってもらえて、いいお小遣いになりますから、換金して好きなものでも買いましょう。ブランド物なら質屋に持っていく、という手もあります。捨てるのに抵抗がなければ、「今までありがとう」の気持ちを乗せて手放しましょう。

時間は人生の一部です。彼との思い出でこれから残りの人生を歩んでいくのはもったいないことです。あなたを選ばなかった彼の思い出という霞《かすみ》を食べながら生きていくなんてやめましょう。あなたはもっともっと大切に扱われるべきなのです。次の恋に行くために忘れましょう。

なかなか別れられない不倫の手放し方

占いや悩み相談で多いものに、「不倫」があります。コーチングのセッション内容でも扱うことが多い分野です。コーチングセッションで不倫がテーマになる場合、たいていの人が不倫をやめたい、という内容のものでした。

不倫反対者にとっては、以下に書くことは反感を呼ぶかもしれませんが、不倫は、一概に良いか悪いかを判断できるものではないと思います。ダブル不倫といわれていても、それで夫婦関係のバランスが取れていることもあります。夫は、不倫相手との心の安らぎの時間があるから仕事を頑張ることができ、それが家計を支え家族のためになっている、はたまた妻が不倫している場合、自分に関心を払ってくれない夫でも、外で気持ちが満たされることによって夫に優しくできている、ということもあるからです。または、不倫されている奥さんであっても、夫の相手をしなくて済む、という夫婦関係のバランスを取るために、夫の浮気を黙認しているケースも多々ありです。同意の下の不倫も含め夫婦の事情はさまざまなのです。

ただ、自分の将来のために別れを選択する場合、「不倫をやめたい、でも相手を心から愛している」という気持ちは身を切られるほどの苦痛となるでしょう。不倫をやめたいと思っている人は、たいていの場合、自分は独身で相手が結婚している場合の不倫。つまり、「自分も温かな家庭を持ちたい」という願いがあり、相手とはそれが叶《かな》わないからケジメをつけて前に進みたい、というケースです。

これは相手への愛よりも、自分への愛が大きいことの表れです。

中には、自分の人生を相手に捧げる、と腹をくくって、温かな家庭を持つという自分の夢さえあきらめて、その道を貫く人もいます。しかし、コーチングでそのテーマをあげる人は、自分の人生を歩みたい人が多く、不倫を終わらせるためにどう行動していったらいいのかを考えるのです。自分の人生は自分のものですから、他人軸で生きるよりは自分が望む生活をしたほうが良いのです。

私のクライアントで、コーチングの期間中の三カ月の間に不倫をやめ、新たな彼と付き合い、数カ月後に結婚した人も多くいらっしゃいます。コーチングは相手をジャッジしたり、コーチ自身の主観で誘導したりすることも一切ありません。不倫をやめたいと思っている人に対して、まずは本当にやめたいと思っているのかどうかを、探ることから始めます。その結果、見つけた自分の本心により、やはり実らぬ恋でも、それを貫くことを選択する人もいます。

さて、あなたは自分の人生をどう生きたいと思いますか？　できるできないを考えずに、まずどうしたいと思いますか？　たいていの場合「今、付き合っている彼に離婚してもらって結婚できたらうれしい」といいます。実際、結婚をほのめかしてくる既婚男性も多いですから。しかし、多くの場合、そういいながらも付き合ってから数年が経ち、独身女性の貴重な時間をただただ自分の利己的な欲望を満たすためだけに、付き合っている男性がほとんどです。有言実行していないのです。中には、不倫相手に甘い言葉をいいながら、奥さんとの間に子供ができてしまうケースもあります。

そんな彼の事実をじっくりと見てもらい、あなたは本当に口だけ男のために自分の人生を捧げたいのか？　と今一度問うと、やっぱり、その彼との未来が見えないと結論される方がほとんどです。

この場で私からもひとこといわせてもらえば、**言葉に真実はなく、すべての真実は行動に表れるため、結婚をほのめかし、数年も経っていて前に進んでいないなら、その男性は嘘つきなので、一刻も早く関係をやめるようすすめたい**です。

もちろん、相手が最初から、「僕は家庭を一番に大切にしていて、子供の将来もあるから、君とは結婚はできない」ということをあなたに伝えているのであれば、その状況を加味して、あなたはそれでも遊びで付き合いたいと思うのか？　それとも結婚できる相手を他に探したほうがいいのか？　というどちらかを選択をすることになります。

しかしながら、相手の男性が結婚をほのめかし、数年も経っていて何も進んでいないなら、ただ単にあなたの時間、つまり人生の貴重な一部を奪っているだけに過ぎないのです。その現実を見たときに、あなたはぶっちゃけどうしたいですか？

答えは出ると思います。シンプルに、あなたは誰かと幸せな結婚をしたいのか？　結婚できなくても、街を堂々と彼女として歩けない陰の女として一生その人に尽くしていきたいのか？　どっちかなのです。

コーチングでそれを扱った場合、ほぼ九割以上が別れを決断しました（ただ、このことにあなたの本心が左右されませんように）。

別れを決断したクライアントがつらくて苦しい間は、毎回同じテーマで話し、その苦しさを乗り越えて、新しい恋をするために、前向きに行動できるよう励ましました。結果、その後に多くの人が幸せな結婚を手に入れたのです。

ハッキリいいます。既婚者の目に留まり、その男性と恋愛できるくらいですから、あなたはモテるのです。モテるのに、結婚しないで自分を振り回す男のために時間を捧げるなんてもったいない。あなたには、あなたをもっと大切にしてくれる男性が世の中にはたくさんいるのです。

最初は一人になる不安や、この人ほど愛せる人が現れるのだろうか？　と思うかもしれませんが大丈夫！　不倫の恋を終わらせて、次へ行きましょう。

決意をしたら、少しずつ離れようなどと思ってはなりません。一気にお別れしましょう。

また、決意したときに、相手の男性と会って話をしたいと思うかもしれませんし、相手も最後にちゃんと会ってお別れをしたいというかもしれませんが、それもおすすめできません。会ってしまうと情にほだされ、また肉体関係を持ってしまい、ズルズルとその後も関係を持ってしまう可能性が大きいからです。

別れる決意をしたら、もうメールでお別れを切り出してもいいのです。**あなたにはその権利がある**からです。もし相手がメールでは嫌だというのなら、嫌なら奥さんと別れてから連絡を頂戴、とでもいったらいいのです。

クライアントの中には、こんな経験をした方がいらっしゃいました。

妻子がいる男性との不倫関係に良心が痛み、かつ結婚をほのめかされてはいたものの、まったくその気配もなく、苦渋の決断で独身女性の側から別れを切り出しました。「幸せな結婚生活がしたい」という気持ちからでした。男性を愛する気持ちには変わりがなかったのですが、その女性はけじめをつけたのです。なんという勇気の決断でしょう。そして、彼と会うことをきっぱり絶ちました。彼は、なんとかして会おうと試み、その女性にいつものように弱音を吐いたり会いたいといったりしていましたが、女性の決意は変わりませんでした。

その後、なんと男性は自分の結婚生活にけじめをつけたのです。そして、改めて彼女に交際を申し込み、その後に二人は結婚しました。女性は、略奪愛ではなく、自然に独身になった男性と一緒になったのです。しかし、前の項目にも書きました通り、縁がつながる人とは別れてもつながる、ということなのです。これは稀《まれ》な例かもしれませんが、別れた後には、誰かと結婚しているケースがほとんどなのです。

ポイントは、しっかり別れるということ。その後は前を向いて生きるということです。別れた後は、その男性と復縁を期待しないほうがいいです。それは過去を向いて歩むことになるので、スペースが空かないあなたの心に、誰か他の素敵な男性が入り込む余地がないからです。

そして、夫に不倫されている奥さんにもお伝えしたいことがあります。たいていの場合、女性というのは、自分の夫よりも、相手の女性へ怒りと憎しみを持つことが多いです。それは、女性は肉体関係だけよりも、心と心のつながりを大切にしているので、その部分に対して怒りを持つ傾向にあるからです。

もちろん、相手の女性に怒りを持ちたくなる気持ちもわかりますが、悪いのは、あなたの夫です。既婚という立場でありながら、あなたという存在がありながら、欲望だけで行動し相手の女性に手を出したのです。しかも、相手の独身時代の一番若くて美しいところを味わっておきながら、何の責任も持とうとしなかった、という事実に目を向けましょう。

被害者は、あなたでも夫でもなく、どちらかといったら独身女性のほうです。そして、夫がそういうところに気持ちが向いてしまった理由も、少しだけ考えてみるきっかけとなるかもしれません。

不倫関係を終わらせてもらい、夫と関係を取り戻したいと心から思うのか？　それとも浮気する夫と一緒には暮らせないと思うのか？　こちらも向き合う必要があります。もし、夫婦関係を取り戻したいと思ったならば、前向きに話し合い、一旦夫を許したのならば、過去のそうしたことを一切口に出さないことです。女性の悪い癖なのですが、喧嘩したりすると、どうしても夫の過去の過ちを持ち出していじめる傾向があります。基本、男性は浮気をしたい生き物であることは間違いありません。相手の女性に対して、本気ではなくただの浮気であれば、情状酌量の余地を持って対処してあげたいものです。

不倫であっても夫婦関係であっても、その関係を続けるにしても終わらせるにしても、一度決意したら腹をくくり、前に進んでいきましょう。人生、何を決定したとしても、何を選択したとしても、いいことも悪いことも五分五分で起きるのですから。ならば、自分の決定に責任を持ちつつも、今後の人生、「いいこと」のほうに注目して楽しく前向きに生きていきましょう。

別れるときはしっかり向き合い感情を伝える

失恋であれ離婚であれ、別れた後に襲われる感情の一つに、「私、一生独身のままなの？」「これからずっと一人で生きていくの？」という恐れと不安があります。それはまるで出口の見えないトンネルに入ったかのようです。

別れるときに上手に感情整理をしておかないと、一生、次の恋に進めない人もいますし、心の病にかかってしまうケースもあります。ですから、しっかりしたステップを踏む必要があるのです。

まず、別れる前に、あなたはいいたいことを相手にちゃんと伝えたでしょうか？　もし、相手の不貞や浮気などで理不尽な別れ方を切り出された場合、ただただ泣くばかりで、あなたの本当の気持ちを相手に伝える、という大切なステップを飛ばしていないでしょうか？

もしそうであるなら、**最初にすべきことは、相手にしっかりすべての感情やいいたいことを伝える、**ということです。

離婚の話や別れ話のときは、修羅場になることが予想されますが、それでもいいのです。しっかり相手と向き合い、そして自分の内側とも向き合い、いいたいことを我慢することがありませんように。「なんて自分勝手なの!!」「信じられない！　なんてあなたは利己的な人なの！」いえなかった自分の感情をしっかり相手に伝えることで、心は少しずつ晴れていくのです。

しかし、もしそれをいわないで別れてしまって、その後まだ悶々《もんもん》としていたらどうしましょうか？　そのことを忘れることができなかったのであれば、可能なら今一度、伝える場を相手に設けてもらうのはいかがでしょうか？

実は、私自身もそうしたことが一度あります。以前付き合っていた男性とは、お互いの中では結婚の約束までしていました。しかし彼は、「やりたいことが見つかったので、それに力を入れたい。何年かかるかわからない。本当は待っていて欲しいけど、待たなくてもいいから」といってきて、私は聞き分けのいい女性を演じてしまい別れはしたのですが、この中途半端な気持ちと相手の「待ってて欲しいけど待たなくてもいいから」という、待っていたらいいのか、待たないほうがいいのか……行き場のない気持ちと将来への不安で感情の整理ができず、二年もの間、生きた心地がしなかったのです。
私は、彼と別れてから二年も経っていましたが、今一度、話し合う機会を設けてもらい、別れるときにいえなかったことをすべて彼に吐き出したのです。多少、感情的になりましたが、終わった後はスッキリでした。そして、やっと彼との関係にピリオドを打てたのです。二年間という長い時間を無駄に過ごしてしまったような気がしましたが、いい終わり方ができて、最後は彼には感謝の気持ちさえ芽生えてきたのです。

自分の悲しみや怒りを、見ないふりして通り過ぎることが決してありませんように。自分の内側と向き合い、相手に向き合い、しっかりそれを伝えられますように。そうしますと、本当にいい別れ方ができます。

別れはネガティブに捉えられがちですが、**一人の人との関係が終わる、ということは、その人によって成長させられたことの証《あかし》**です。そして、いい別れ方とは、その人との関係で学んだことがあるとしたら何か？　ということがわかること。そして、もう一つ大切なことは、終わった後に、その人によって成長できたことを感謝で終わらせられること。

憎しみや怒りを持ち続けていては、女性としての美しさに影響します。相手の幸せを祈れるくらいになるには、相手との関係で得られて良かったこと、楽しかったことにも目を止めつつ、いい出会いだったな、と終わらせられることが必要なのです。

私自身も二度の結婚生活を終えるにあたり、修羅場のような場面もありましたが、最後はやっぱり彼に対してありがたい、という気持ちが勝っています。お互い違う道を歩むことになったのは寂しいことではありますが、それでも、お互いから卒業し再び新たな道のりを歩んでいけることを清々しく思っています。そう終わらせられた自分も褒めてあげたいくらいです。

別れてもネガティブな感情に引きずられないように、しっかりステップを踏んでおきましょう。それは次なる人生を歩むのに、大切なことなのですから。

品格ある別れ方

私たち人間は、人生の中で幾多の別れを経験するでしょう。前向きな別れもありますが、痛み、寂しさ、悲しみ、はたまた憎しみ、という感情が伴った別れもあることでしょう。

しかし、それらの負の感情が伴った別れは、できれば早く消化&昇華させたいものです。いつまでもその人を思い出しては、負の感情が湧《わ》き上がるのは、一種の執着にほかなりません。

執着は、自分の氣《き》の流れや運気を低迷させるもの。それは、自分のためにならないので、キッパリ忘れたほうがいいのです。思い出して笑みがこぼれるようなそんな思い出ならいいですが、恨みつらみ憎しみ腹立ちなどの感情が湧き上がるくらいなら、心許す人に話を聞いてもらったり、または早く断ち切るために、相手にいいたくてもいえなかったことを紙に書いてみる。暴言でもいい、洗いざらい心の中を紙にぶつけることで、自分の中でその感情を昇華させてください。

そして、散々暴言や感情を吐き出した後に、それらを昇華させるために、次の言葉でしめてみましょう。

「それでも、あなたのおかげで成長させてもらったし、楽しいときもあって、いい経験をさせてもらった。今まで本当にありがとう。そして、あなたも幸せになりますように」

そんな綺麗なことといえません、という方もいますが、心がこもっていなくてもいいです。言葉に出しているうちに、本当にそういう気持ちになります。そして、その言葉は実は相手のため、というよりも、自分の心のためにもなります。

憎しみやドロドロした黒い感情だけで終わると、やっぱり、気持ちが沈みます。中には、そんな自分はダメだと思う人もいます。ですから、心が伴っていなくても自分のために、その相手への感謝と幸せを祈るその言葉で、いっきに心を軽くしましょう。試してみてください。

そして、もう一つ大切なことがあります。それは、**別れた相手のことを誰彼に悪くいわないこと。それは自分の品位を下げる行為**だからです。もちろん、心許す人にそれを打ち明けることはあっても、公に読まれているSNSや、共通の多くの知人に相手の悪口をいうならば、その放った言葉が、我が身に何倍にもなって返ってくることになります。なぜからです。特にSNSは要注意です。何倍もなのでしょう。それは、自分が発した言葉のエネルギーを、受け取る人の数が多いからです。特にSNSは要注意です。

出会いもあれば別れもある。縁というものは、夫婦であろうが親兄弟であろうが何十年の友人関係であろうが、切れることがあります。出会いの数ほど別れもあり、それは人の成長に帰するものです。

よく聞く話ではあるのですが、離婚して親権を手にした親は、別れた配偶者の悪口を子供に何度も何度も言うことがあるようです。つまり何度も刷り込んでいるわけです。

自分がスッキリしたいがために子供に吹き込むとしたら、それはなんと愚かなことでしょう。自分と血のつながった父親が悪い人だと知ることが子供にとってはどんなに傷つくことなのか、大人である親は理解すべきです。

自分は母親の憎むべき人の子供なのだと思えば思うほど、自尊心が奪われることもあるのです。それよりも、愛し合ってあなたが生まれて、お父さんとお母さんは上手くいかなくて別れたけど、あなたの父親はいい人だったと知らされたほうが、どれだけ子供にとっては救いになることでしょう。そして、いつかその元夫に助けられることだってあるかもしれませんし、子供が大人になったときに、その父親と親子関係をまた築く可能性だってあるわけです。

別れた相手の落ち度や別れた原因、彼の悪いところをあちらこちらにいいふらしたり、SNSのような不特定多数の人々が閲覧するところで、相手の悪口を書くことはやめましょう。

それが、こっそり書いている匿名のもので、自分のことも相手のことも誰にもわからないのなら、自分のウップンを晴らすのにはSNSはいいかもしれません。しかし、匿名であってもどこの誰かということが知られていて、はたまた相手のことも誰かがわかっている場合は、そうはいきません。
以前、交友関係のあった人や、ビジネス上の関係があった会社や個人が相手の場合でも、相手が誰なのかがわかるような仕方で、悪口めいたことを書いたり、噂話のように触れ回ると、名誉毀損《きそん》や損害賠償ものになったりすることもあります。

実は私は「された側」になったことがありまして、私の社会的信用を落とすために、事実ではない嘘八百を触れ回られたことがあります。他人の悪口は、真実か嘘か、どっちであっても、いえばいうほど、書けば書くほど、自分の品格のなさを露呈していることになり、それは自分の価値を下げていることになります。

そういう人は、宇宙の法則を何も理解していないのです。人々の意識は同じソースです。集合意識体で、物理量子力学でいうと皆素粒子がつながっていて、干渉したり、共鳴したり、影響し合っているわけです。**意識も思考も行動も、自分が外に投げたことは全部、自分にしているのと同じこと。だから、いつか自分に戻ってくる**のです。

もちろん、つらかった心の内を誰かに語りたくなることもあります。ならば、口の堅い信頼のおける誰かに聞いてもらう、お金を払って守秘義務を守れるプロに聞いてもらう、重い話でも受け止められるような特定の器の大きな人に聞いてもらうなどして吐き出しましょう。

これは、不特定多数に触れ回るのとは、意味が違います。吐き出しができないと、やはり心が疲弊してしまいます。**特定の人につらい気持ちを打ち明けて、吐き出しするのは「浄化」になりますが、不特定多数にそれをした場合は、「因果応報」**として、自分に戻ってきます。

因果応報は、放ったものが自らに戻ってくる仕組みです。本当に品格のある人は、相手との関係が終わったとしても、相手の評判を落とすようなことを触れ回りません。それは、自分の価値を下げる行為であることを知っているからです。

唇には門番を立てる必要があります。

品格ある人は、別れた相手のことを触れ回ったりしません。しかし、逆に誰彼かまわずにいう人の内容は、「ね、ね、ね、私は何にも悪くないのに、相手が私にひどいことをしたの！　ひどいでしょ？　私は何も悪いことしていないのに!!」みたいな子供じみたいい分に似ています。

品格ある人は、なぜ別れた相手の悪い部分を不特定多数の人々に触れ回らないのでしょうか？　なぜなら、自分も相手も苦しい思いをしたけれど、それも学びだった、相手にとって「いい思い」もたくさんしたし「楽しかったこと」もたくさんあった、自分の成長となった、と思っているからです。それが、品位ある大人の思考なのです。

ハードルが高いと感じる人もいるかもしれませんが、こういう思考ができると、いつまでも相手を恨んだり、妬《ねた》んだり、思い出すたびに苦々しい負の感情が湧かないで済みます。つまり自分の今後の人生が楽になるのです。そう、全部自分の未来のためなのです。

夫婦関係も、友人関係も、ビジネス上の関係も、相手とのかかわりが深ければ深かったほど、相手から得られたものはきっと多いはず。それを感謝で閉じることができたら、この先本当に楽です。

相手を落とすようなことをいえばいうほど、自分の価値が下がり、自分は今でもつらいのだ、苦しいのだ、と自分の潜在意識にインプットしてしまいます。さらに、放ったものは戻ってくるので、要注意。相手があなたにしたひどい仕打ちは、あなたが仕返しをしなくても、相手自身に放ったものが返ってきますから。天が代わってお仕置きします！

最後は自虐ネタとして笑いで終わらせる！　苦しかった経験を笑いに変えてしまいましょう。これは本当にオススメ。笑いに転換できたときは、あなたが最強になった証なのです。

「運命の人」と、なぜ別れるのか？

離婚を決意したのは、もっと前のときですが、奇《く》しくも、この本の執筆の最中に、私は「運命の人」であった二人目の夫と離婚をしました。私たちの夫婦としての歩みは終わったものの、それでも私にとって彼は、そして彼にとって私は、やはり「運命の人」であることには違いありません。私たちは、出会ったことでそれぞれの今があるのですから。

さて、運命の人とは別れることはないのでしょうか？　たいていの場合、そう思われているようですが、答えはノーです。一般的には、一生一緒に添い遂げる相手が「運命の人」と思われているかもしれませんが、それは違います。出会うべくして出会い、その後終わりが来るとしても、その人との出会いは、今の人生で学ぶべきことがあったから。それをきっかけにいろいろと実践しながら学ぶのです。**たとえ、その相手が、自分を苦しめる相手だったとしても何か意味のあること。そういう意味では、やはりその人はあなたにとって「運命の人」なのです。**

それは、あなたの子供と出会うためだったかもしれませんし、その人のかかわる誰かとのご縁だったかもしれません。もしくは、愛し愛されることから、憎しみや悲しみを味わいきって、人として成長するためだったのかもしれません。

どんな人でも出会った人は運命の人ではありますが、別れがないというわけではありません。すべての人には必ず、どんな形であったとしても別れが来ます。死別の場合もあれば、お互いの選択による別れかもしれません。別れは単純にいえば、その人との学びが終わった、というだけの話。それは、友人関係でも家族関係でも、恋人同士でも夫婦でも同じです。

別れは一般的にネガティブに捉えられているかもしれませんが、その人との学びが終わって、その人から「卒業した」ということです。

二度も離婚した自分をかばうわけではありませんが、離婚したのは、忍耐がなかったからだとか、わがままだったからだとか、人格にどこか問題があったからだと昔の人はいうかもしれません。しかし、そんなことはありません。結婚生活は苦しいこともつらいこともありましたが、それでも楽しいこともたくさんあり、いい経験をさせてもらいました。

決して、別れに関してネガティブに捉えたり、相手に執着してはなりません。あなたが前に進めないどころか、いつまで経っても不幸である場合、それは執着してしまっている側だからです。さっさとその結婚生活やその人から学んだことを拾い、「はい！　次！」でいいのです。

私自身の経験をいえば、出会ったときも、そして別れのきっかけがあったときも、まさか離婚するなどとは一ミリも想像しませんでした。最初の結婚のときも、そして二度目の結婚のときもです。

それでも「流れ」というものがあり、一時期はその流れに逆行するかのように、必死に離婚を避けようと思った時期もありました。しかし、力を抜いて、流れの方向に身を委ねよう、とふと思ったのです。そして、この結婚から学んだこと、元夫から教えてもらったこと、などを数え上げているうちに、体と心と思考がフッと軽くなった感覚がありました。

この流れに身を任せていいんだ、と思いました。

そのときはわからなかったのですが、今では明確にわかることがあります。私の未来で待っていることは、もし元夫と一緒にい続けていたら、ないということです。

私が、よく読者に伝えている「天は私に悪いようにしない」ということを信じて、流れに身を任せることにした途端、天からのギフトだらけになり、生涯付き合いたいと思えるような新しい友人との出会いや、新たな分野での海外ビジネスなどなど、ここには書ききれないほどの贈り物を天からいただきました。

そして、綺麗にまとめているかのように聞こえるかもしれませんが、今、元夫にある感情は感謝しかありません。私は、円満離婚を目指していたのでもなければ、平和に収めたいと思っていたわけでもありません。むしろ、お互いぶつかり合って、意見し合って、大暴れしたことが何度かありましたが、今思えば、感情の解放と、そして自分の至らない点などを直視する機会もありまして、お互い決断したときには、今まで生きてきた中で、最大の学びを頂戴した気分にもなりました。

本当にこの決定に至るまでは、つらい時期もありましたが、今は清々《すがすが》しくて、感謝の気持ちしかなくて、やはり彼は私にとって「運命の人」だったことがわかります。そう、運命の人とは、出会うことになっていた人、そして人生の学びを頂戴できる人のことなのです。たとえ、後になって別れたとしても、相手がいい人かそうではない人かにかかわりなくです。もちろん、添い遂げる人もいることでしょう。そういう「運命の人」もいます。

別れが来なくても訪れても、そこに善も悪もありません。ただそこにあるのは経験と学びだけなのです。もし「運命の人」だと思っていた人と別れたとしてもガッカリしないでください。次なる楽しい学びが待っているのですから。

一番シンプルな失恋の乗り越え方

失恋の乗り越え方は前の項目でも扱いましたが、別の方法もあります。結論から申し上げますと、

気合いっ！
気合いで乗り越える!!

……のです。

気合いとは、goo辞書によりますと、「精神を集中させて、事に当たるときの気持ちの勢い」のこと。つまり、気持ちに勢いをつけたらいいのです。武道でいう気合いも同じです。気合いを入れると文字通り体も精神も強くなるので、痛みを感じづらくなります。

失恋や離婚による別れを乗り越えるとき、悲しみに浸りきった後は、いつまでも悲劇のヒロインでいることはやめましょう。その状態を自分に許してしまいますと、次の恋に行

けなくなり、数年、数十年、一生、恋などできなくなる人もいるのです。ここはぜひとも気合いで乗り越えてください!!

「失恋しました」とか「夫に浮気されました」なんてときには、悲しくて悔しくて、最初は悲しみに浸ることがあったとしても、長期間悲しみに浸り続けてはいけません。

怒ったっていい。

相手を憎んだっていい。

見返してやろうと思ったっていい。

ただし、怒り続けたり、憎み続けたりすることは体に良くないので、ひとたび悲しみきったら、「立て！　立つんだ！　ジョーーーー！」みたいなイメージで、自身に気合いを入れましょう。悲しみに打ちひしがれ続けるよりは、気合いで乗り越え、立ち上がり、行動するのです!!

ぅおのれぇぇえーー、
今に見ていろよ〜。
こんちくしょーめー！
綺麗になって、あんたより素敵な彼を見つけてやる！

……のように、**怒りを動機としてでも立ち上がり行動に移したほうが、悲しみに明け暮れて、メソメソずっと泣いているよりよっぽどマシ**です。勢いを持つようにしましょう。

では、どうやったら勢いを持てるか？　それは、声です。**大きな声を出して気合いをさらに強めて**ください。

気合いが入るような動きも入れるとなおいいでしょう。試練が振りかかってきたときに、いろんな乗り越え方があります。まずは、感情に浸りまくって、落ちて落ちて落ちてから、セルフコーチングをしたり客観的に自分を見つめてみたり……。そんなやり方もあれば、もう振り返らずに、明るい未来だけをイメージして、「こんなことで落ちてられない！私の人生への挑戦状か？　底力を見せてやる！」なんて具合に、強気に対処したりといろんな方法があります。ときには、この強気というのを発揮してみてください。

基本、人間は弱いようで強いのです。

本当です。あなたは強いのです!!

人は、一人で生まれて、一人で還《かえ》る。そして、泣いて生まれて、笑ってこの世を去る。ですが、生きることを一生懸命頑張っている人は、一人ぼっちになることはまずありません。人は、一生懸命な人を応援したくなるし、芯の通った強い人に、惹《ひ》かれていくのですから。

ですから、試練を自力で乗り越え笑顔になったとき、あなたを慕って来る人はたくさんいます。あなたから離れる人がいたとしても、あなたは決して一人ではありません。あなたを好きな人、大切にしている人、思っている人が必ずあなたを助けてくれることでしょう。たとえそれが間接的なものだとしても、常日頃、感謝に満ちて生きている人に天は助けの手を差し伸べます。

ということで、試練がなくても、ときどき気合いを入れて過ごしますと、シャキーン！として気持ちがいいです。四股《しこ》を踏んだり、言葉で自分を励ましたり、手をグーにして、天井に突き上げながら「よし、やるぞーーー！」と気合いを入れてみてください！

失恋を繰り返すほど魅力的な女《ひと》になる

〝失う恋〟と書いて失恋。相手が自分のことを好きではないとわかったとき、または恋人から別れを切り出されたとき、死ぬほどつらい思いをします。そして相手と別れたときの、世界が本当に終わってしまったかのような感覚。あなたも経験したことがあるかもしれません。

そのときの感情といったら、今後二度とあの人以上の男性なんて現れるわけがないという思い、死んでしまうのではないかと思うほどの痛み。いや、死んでもいい、とさえ思うでしょう。実際に失恋による自殺未遂などは今でも絶えません。「恋の病」といいますが、相手を失ったとき、ネガティブ思考になってしまうのが失恋です。

一度、失恋でそういったつらい思いをしますと、どんどん恋に臆病になり、傷つきたくなくて、もうこのまま一人でいいかな、と恋愛から遠ざかる女性も多いようです。

四〇代独身女性の未婚率はますます右肩上がりで、年を取れば取るほど恋に臆病になっています。四〇代半ばの未婚の女性で、「恋愛感情がどんな気持ちか忘れた〜」といっている人もいました。

しかも、最近の日本の男性は草食系といわれていて、自分から告白したり誘ったりしない人が多くなっているとのこと。こんな現状ではますます恋愛できなくなり、結婚もどんどん遠のきます。さて、せっかく、ご縁があってこの本を読まれているわけですから、ここら辺から見方を変えてみませんか？

ハッキリいえば、

失恋は〝女っぷりが上がる〟のです！

ご縁は無理につなげるものでも、力技《ちからわざ》でつながり続けるものでもなく、続くときは続き、切れるときは切れるもの。波動が違うもの同士がずっとい続けることは無理なのです。別れとは、基本的には自分とその人は合わなかった、ということを知る経験です。つらいですが確実にあなたが幸せになるために、人生の中で起きる必然の出来事なのです。

その恋を忘れるのに必要なのは、時間。もしくは、次の男性です。時間が癒してくれるのを待っていたら、すぐに年を取ってしまいます。悲しみに浸りきったら、「はい！次！」となるために、おしゃれして、自分の好きなことをやって、次の恋をする準備をしておきましょう。

たとえ、失恋して彼を失ったとしても、考えようによっては、最初にまた戻るだけ。そういう気持ちになるまでつらいでしょうが、乗り越えられたらあなたは最強！　そして、そこから立ち直るたびに、あなたは強いメンタルになっていく、というメリットがあるのです。

だからこそ、失うことを恐れずに、失恋したっていいじゃん？　の気持ちでもっともっと男性と知り合いましょう。草食系男子を待つのではなく、自分から誘ってみるのはいかがでしょうか？　もちろん、執着なしに、楽しむ感覚で。

ある統計では、女性から告白した場合のほうが、ＯＫをもらう確率が断然高い、という結果が出ています。男性はフラれることが多くても、女性は告白すると成功する確率が高いそうです。

どのくらい違いがあるかというと、男性から女性に告白して成功する確率は、たったの一割だそうです。逆に女性が男性に告白してOKをもらう確率は、なんと四割。

この違いは何かというと、男性は許容範囲が広い、ということ。そして、これは私の主観的な感覚ですが、男性は、優しい。断れない人が多いのかもしれません。

心理学用語に「返報性の法則」という言葉があります。これは「他人から何らかの施しや益を受けると、お返しをしたくなる感情が湧く」ということ。恋愛に関していうならば、「好意の返報性」という言葉もあるのですが、これは、簡単にいうと、相手から好意を持たれると、自分も好意を持ってしまうということです。

恋愛に対して少し気持ちが軽くなりましたか？　何もしないなら何もない人生です。しかし、可能性にかけて自ら行動する者に道は開けるのです。玉砕したっていいじゃないですか。

失恋することで女っぷりが上がる、つまりそれは、人としての深みが出る、ということです。**愛する人を失うということは、人生の中で最大の試練。それを乗り越えた人は、やはり人としての厚みも深さも備わっていく**のです。

恋は、愛しさと切なさを同時に経験し、失恋は、その愛する人を失うことで人生のどん底に突き落とされたような気持ちになります。しかし、それを乗り越えて生きることで強くなれます。恋愛と失恋は、人間の喜怒哀楽の感情をすべて味わい尽くすものなのです。失恋を恐れずに、もっともっと恋愛していきましょう。

別れは自己責任

友達関係でも恋人関係でも夫婦関係でも、いつかは必ず別れが来ます。死という別れもあるかもしれませんが、その前に学びが終わって別れが来ることも多々あります。しかし、そんなときにこう思う人もいるのです。「あんな人に出会わなきゃよかった！　そうしたらこんなに苦しい思いをしなくて済んだのに」これは果たして本当に幸せな見方なのでしょうか？

よく、何か嫌な経験をしたときに、他人のせいにする人がいます。なぜ他人の責任にしてしまうのでしょうか？　他人に責任転嫁をすれば、自分が楽になれると勘違いしているのです。しかし、それはまったく逆です。

何に関しても、他人の責任にしている人は、長い間そのことで苦しみ、楽になれません。逆に、すべての選択は自己責任だと思っている人は、人を恨みませんし、視点が他人に向いていないので、割り切りが早く、もう前を向いて歩んでいます。ですから、自己責任を受け入れている人は、生きやすく楽なのです。

それでもあの人が悪い、あの人があんなことをしなければ……、といつまでも根に持ってしまうかもしれませんが、そもそもあなたがその人を選んだのですよね？ **ある男性と結婚して、夫が浮気して、確かにあなたに痛みを与えたかもしれませんが、その夫を選んだのはあなたですよね？** 夫が浮気した原因に、あなたの責任はゼロといいきれるでしょうか？ 結局、何にしても選択したのは自分であることを思えば、すべては自己責任なのです。

かといって、いつまでも自分を責めよう、といっているわけではありません。「あのとき、ああすればよかった（涙）」とか「こうすればよかった（泣）」などのように、過ぎ去ったことばかりを後悔するのはよくありません。**いくら悔やんでも、時間は巻き戻せないのですから。むしろ、「いい経験をさせてもらった」と思って前に進み、その経験を次回に生かすほうが賢明**なのです。

そして、もう一つ注意点があります。別れた後に、相手の生活が気になってしまうかもしれませんが、SNSなどでその人の生活を見るのは一切やめましょう。そう、一切です。

ある人は、別れた夫に恨みを持ち、元夫がどんな生活をしているか、SNSで監視していました。別れてから数カ月後、再婚したことを知りました。新しい奥さんとの毎日楽しそうなツーショットの写真を見ては、腸《はらわた》が煮えくり返りそうな感覚になり、その怒りと恨みはどんどん募っていき、体調を崩すほどになりました。そして、元夫に対して「自分だけ幸せになって許せない」と思うようになり、何年もの間、呪縛の人生だったようです。「相手のせいで私は不幸になった」と思ってばかりいますと、もう前には進めません。相手を許すも許さないもありません。その夫を選んでしまったのは自分の責任だと肝に銘じ、もう忘れるのです。

別れた後は、一切、相手のことを目に入れるのはやめましょう。相手のSNSなど見てはいけません。風の便りも入ってこなくていいのです。変な未練を持つと、いつまで経っても前に進めませんから。

あなたが目に入れない人、人生に入ってこない人は、もうこの世に存在していないも同然なのです。ですから、憎しみや恨みを持っても、それはただ自分を苦しめるだけということをしっかり認識しましょう。いもしない相手にそのような負の感情を放っても、戻ってくる場所は自分です。自分の細胞を痛める行為ですので、もうキッパリ忘れましょう。

COLUMN
1

天国からの手紙

佐野晃さん。享年四四。晃さんとの出会いは、二〇一四年に東京・有楽町で行なった私の出版記念サイン会に、奥様とお子さんお二人を連れて来てくださったことがきっかけです。初めてお会いしたそのとき、晃さんは末期ガンで、ステージⅣとおっしゃっていました。

晃さんが末期ガンを宣告されたのは、二〇一三年一月末。会社からも見放され、自主退社するよう言われて無職になり、その後は奥さんがご主人とお子さん三人を養っていたそうです。奥さんは、晃さんの末期ガンを受けとめ切れずに、ひどく荒れた、とおっしゃっていました。本来は支えなければならない立場なのに……と思いながらも、とても苦しい日々だったようです。なぜそうなったかというと、晃さんが家族に弱みを一切見せず、常に気丈だったから。

人間関係はバランスです。相手が立派であればあるほど、片方は自然と逆を行きたくなるものなのですね。

晃さんは、病院に一人で行き、一人で宣告を受け、家に帰れず、近くのショッピングモールのカフェに一人で入って、ものすごく悩み落ち込んだそうです。しかし、悩んだのは、時間にしてたったの三〇分。晃さんの視点は、「これからどう生きるか？」。そして、「生きる！」ということを選択したそうです。

奥様が荒れても、悲しんでも、晃さんはその姿勢を変えずに、生きるためにできることを前向きにすべて試したそうです。常に未来を観て、家族と一緒に達成したい夢や目標に目を向けて生活をしていたようです。

闘病中、当社が提供するプログラムに、晃さんが申し込んできました。そのときのメッセージは「以前、本の握手会で女房と出席いたしました、ガン持ちの佐野です。あのときより、確実に良くなっています。病気、思い込みですね。健康で明るいけど普通の生活のイメージがいつも頭にあって、これがとてもいい！　今回の、メンタルブロック外すのが楽しみです。夫婦で豊かになります。よろしくお願いいたします」というものでした。

後から奥様にこのときの話を伺いましたが、このメールをくださった時期は、晃さんにとって一番過酷で体もとてもひどい状態だったそうです。それでも、晃さんは、前向きに生きることをあきらめませんでした。

しかし、そのメールからわずか三カ月後、奥様から他界されたことを知らされました。私は、サイン会でこれまで数千人もの方と会ってきたのに、晃さんのことだけは声も、お顔も、お互いに話した内容も明確に覚えていたので、すぐに思い出しました。

晃さんが亡くなった後、彼のことが頭から離れなくなり、何度も何度も思い出しました。ときには、一人で晃さんを思い、涙がダーダーと流れることもあったのです。

晃さんが亡くなった約一カ月半後に、私は地元の仙台で「やりたいことは全部やる自分の人生」というタイトルで講演をする予定でした。勝手な妄想だったかもしれませんが、「もしや、ここで晃さんが何かを伝えたいのでは？」という気がして、奥様に聞いてみることにしました。晃さんが何か残されたメッセージがあれば、それを講演で話させてもらえないでしょうか？　と。

不思議なことに、奥様も私からメールがくる前に、同じことを思っていたそうです。晃さんがそうしたいといっているような感じがして、私からの申し出が不思議だとも思わなかった、とおっしゃっていました。晃さんが最後に夢を果たそうとしているような気がしたそうです。

私は講演で、晃さんが奥様やお子さん三人に向けた手紙を読ませていただきました。そのとき、晃さんの手紙には私が講演で伝えたかった要点がきれいに収められている！　と感じました。

晃さんが奥様に宛てた手紙を全文載せますので、あなた自身へのメッセージだと思って読んでみてください。

くみへ
やっと解放してあげることができました（笑）
今まで付き添ってくれて本当にありがとう。
苦労ばかり掛けました。

家事は子供たちにドンドンお願いしてください。
子供たちもしっかりやってね。
料理もできるようにね。

家事を少し楽にできたら家族のコミュニケーションを楽しんで
自由な時間も作ってください。
あなたならできる。
そして、宝地図を見ながらワクワクして少しずつでも達成していってください。
あなたならできる。やってみてください。

大丈夫と思いますが、念の為、いつまでも僕に固執してはいけません。
素敵な男性にもこれからきっと出会うよ。

これからの人生を全て、
最後の一滴までなめ尽くすぐらい楽しんでください。

カナダの家で、温かい珈琲を飲みながら、
ベッドの中から見える、高く美しい雪山にかかる神々しい朝日を
一緒に見たかった。ハーレーとワンワンさんも一緒にね。
それと、ニューカレドニアの降るような星々をもう一度観たかったね。
ゴメンよ。できなくて。

その分あなたは生き続けて、そして少しずつ自分のやりたいことを叶えてください。
宝地図と一緒に。

隣に僕がいれないのは、僕が一番残念だけれど、僕がいるとどうしても
あ〜でもない、こ〜でもないと言い出して、かえって邪魔しちゃうからさ（笑）
何も言えない代わりに、しっかり見守らせてください。

自分を信じてごらん。ほめてごらん。

そうすれば本来の君の力が出るよ。
みんなが言うように、君本来の力はとても大きい。
だから大丈夫。

これからは、自由に自分を表現していいのです（カオル）
今までありがとう。
僕の人生はあなたのおかげでとっても実のある物となりました。

さようなら

晃さんが有楽町のサイン会に来てくださったときに、晃さんご家族と、私とで撮った写真があります。満面の笑みで写っている晃さんのその写真を、告別式で遺影に使ってくださったそうです。

晃さんが、天国から皆さんに伝えたかったことはこうです。

・あなたならできる！　やってみてください！
・これからの人生を全て、最後の一滴までなめ尽くすぐらい楽しんでください。
・あなたは生き続けて、そして少しずつ自分のやりたいことを叶えてください。
・自分を信じてごらん。ほめてごらん。そうすれば本来の君の力が出るよ。
君本来の力はとても大きい。だから大丈夫。

晃さんは、死ぬまで生きることを考えていた。まさに生き抜いたのです。まだまだやりたいことが彼にはありましたが、それは叶わなかった。ですが、それでも今生の目的をすべて果たし、天国に逝かれました。そこから私たちにメッセージをくださったのです。本来は、晃さんがご家族のために書かれた手紙ですが、彼は知っていたのでしょう。これが全国の人々に伝わることを。

別れはつらいものですが、彼が残してくれたこの宝物は、ご家族と、そして今こうしてご縁があって、読んでいる私たちが今後、どう生きるのかに多大な影響を及ぼすことでしょう。いずれ私たちもこの地上の歩みを終えて、あちらの世界に行く日が訪れますが、どうか、その日まで精一杯、生き抜いていきましょう。

ときに休みながら、ときに自分を労《いたわ》りながら、そして、誰にも遠慮せず、自分のやりたいことを精一杯楽しんでいきましょう。晃さんが言いたかったことはそこなのです。

「これからの人生を全て、最後の一滴までなめ尽くすぐらい楽しんでください！
あなたならできる！　やってみてください！」

CHAPTER 2

第 2 章

心地よくない関係は断つ

［友人関係など］

他人との縁が切れるとき

常に成長している人には、友人関係の総入れ替え、なんてことがときどき起きます。どんなに仲がよかった人とも、縁が切れるときがあるのです。

「必然の出会い」といわれるように、出会いに関しては一般的に割とポジティブな意味となることが多いですが、別れも同じことがいえます。出会いが必然であるように、別れもやはり必然なのです。

悲しい別れ、たとえば、フラれた、失恋とか離婚、という場合であっても、それを受け入れたときが、自分にとってステージが上がった瞬間といえます。なぜなら、それは、

その相手との学びが終わった瞬間だから、です。

流れで縁が切れそうなとき、また自分と相手の間での違和感が大きくなって離れようと

思っているけれど「ご縁は大切に」という言葉が引っかかってなかなか離れる決断ができないとき。もしくは、逆に、別れたくないのに、相手から別れたいといわれて、別れる方向に進んでいる場合……。どうしたらいいか、悩んでいる人は多いことでしょう。そんなときは、一度流れに身を任せてみることです。

流れというのは上から下に流れるように、勝手に力を抜いたほうに動いていくものなのです。ですから、一番自然な形は、執着をせずにその流れに身を委ねてみることです。「いや、離れまい！」と力を入れて踏ん張ったり「別れたくない！」と相手にすがったり、あなた自身が意地になって抵抗するより、ご縁が切れそうなときは、流れに身を任せたほうがうまくいく、ということ。

たとえば、彼氏があなたに別れを切り出したとしましょう。相手と結婚まで考えていたし、彼とはもう二〇代から一〇年近く付き合ってきたのに、私の青春、台無しにするつもり!?　なぜ今になって別れたいっていうの!?　というようなケース。別れないように相手にすがっても、相手が別れたい、というのであれば、もうそれも流れに身を任せたほうが、自分にとって、その後の開運につながります。

ときどき、別れた相手に対して憎しみを抱き続け、さらには、歪《ゆが》んだ愛情を抱き、その人が気になって気になって、別れた後でも、ずっと想い続けていたりする人もいます。しかし、それはまるで、今を生きていないことになるのです。

歪んだ愛で、好き過ぎても執着。
大嫌いになってその人のことに集中し過ぎて、その人の悪口をいったり、中傷したりするのも執着。

別れというのは、実はとてもポジティブなこと。それがわかると、人間関係が楽になります。失恋で別れが来たとしても、彼との関係で成長した点は何だろう？　とか、人生の中で重要な学びを得たとしたら何だろうか？　と考えてみるのです。

そうすると、つらい別れであっても成長だと思えるようになります。誰かとの別れは、次のステージへ行くための、卒業証書というわけです。そして、新たに運命の人と出会って、また卒業するまでの学びが始まります。

対人運が下がるときというのは、無理やり付き合っている感、満載のとき。自分が執着してそれを手放そうとしないとき、対人運はどんどん下がっていきます。

それよりは、「実りの秋もあるけれど、葉を落とす秋もあるのだな」と落とす葉に執着せず、その葉を土に還らせて栄養分としたほうが、春になったときに、新芽が出て夏に成長し、翌年の秋に大きな実りになるものです。

別れというのは、ただお互いの波長が違ってきただけのこと。それはどちらかが成長を遂げて、次なるステージに行こうとしている証なのです。どっちが上でも下でもなく、どっちが幸せでどっちがみじめでもないのです。

ただ、捨てられた、と悲劇のヒロインになるならそのみじめさは自分を襲うことになります。そんな風に思って残りの人生を歩むなんてもったいない。相手と縁が切れたというのは、あなたの人生にとって必要のない人、という意味なのですから。

私自身、約半世紀の中で、別れたくない人との別れが何度もやってきました。自分から離れたケースもあります。もしかしたら、それは一時的なものかもしれませんが、離れてもお互いのためだと知っているので、もがくこともなく、相手に誤解されて憎まれようとも、流れに身を任せたことなので、後にいい結果になるのがわかります。余談ですが、自分から離れたケースで、相手の人がその後、私の悪口を触れ回っていた、というのを幾人かから聞かされたことがありました。そのとき怒りを感じることもなく、むしろ「やっぱり離れてよかった人だった」と思いました。

夫婦関係でも、恋人関係でも、友人関係でも、はたまた関係の薄いSNS上の付き合いや仕事上の関係にしても、自然と上から下へと流れていくかのように、もがくことなく、力を抜いて流れる方向に身を任せていれば、なるようになる。この「なるようになる」というのが、一番、自然な形なのです。そして、結果も一番いい。

ここでいう「自然」というのは、森羅万象、natureの自然という意味で使わせてもらいますが、自然はパーフェクトであることを考えると、人間関係の流れ（別れや出会い）も自然に任せていると、いい形になるものです。

人は当然、変化する生き物です。その変化はいい変化であったり、そうではない場合もあります。関係性に違和感を覚えて一緒にいて心地よくない場合は、どんなにそこに踏みとどまろうとしても、いずれ別れが来ます。波長が違う者同士、一緒にい続けることはかなり無理があるのです。

無理がある、というのは、気分も下がりますし、健康にも美容にもよくありません。ですから、「その人と一緒にいて本当に心地よいのか？　本当に？　本当は？　ぶっちゃけどう？」と自問自答してみてください。頭で考えるのではなく、心の声を聞くのです。さあ、答えはいかがでしょうか？

お互いの関係性において、自分は心地よくて相手が心地が悪い場合はどうしましょう。その場合、相手の心地悪さのバイブレーションが自分に伝わってきて、いずれ自分も心地が悪くなります。ですから、結局それも別れることになるのです。どちらかが、相手のバイブレーションに無理なく楽しく合わせられれば別ですが、自分を殺してまで合わせる必要があるでしょうか？　自分の人生なのに……。

「ご縁は大切にするもの」。この意味は、関係性のあるときに、相手に敬意を払い、感謝して、私利私慾なしに相手との関係を大切にしていくことなのです。ご縁は自分から切ってはいけない、という方もいますが、波長や生きるステージが変われば、自分から離れることもあるものです。

自分の人生は、付き合う人によって大きな違いが出ます。付き合う人は、多大な影響をあなたに及ぼします。法則は、いつも変わらず「付き合う人と同じ人になる」というものなのです。

人間関係を見直すときの基準とは

友達でも、恋人でも、夫婦でも、この人と離れたほうがいいのではないか？　それとも付き合い続けたほうがいいのか？　と悩むときがあるかもしれません。

それは、似たような者同士がくっつくという簡単な法則の影響です。「波長の法則」と「類友の法則」と同じです。その人と一緒にいて心地がよいなら、同じ波動、同じバイブレーション。心地よくなければ、波動が合っていない、違う波動だということです。

前は気が合っていたのに、最近は違和感が出てきた。何か居心地がよくない、と感じることもあるかもしれません。ときどき、ごくたまーに、そういう気持ちになる程度なら、感情の変化によるすれ違いや行き違いかもしれません。しかし、自分のツボのような大切な部分で、なんだかいつも違和感を覚えてしまう――。そんな経験はありますか？

すべての関係に当てはまることですが、相手と一緒にいて、または相手からいわれる言葉で、悲しい気持ちになったり、苛立《いらだ》ったり、情けない気持ちになったりしていたら、その人と共にいる意味は何でしょうか？　単純に「嫌なら別れちまえ」、といっているわけではないのですが、立ち止まって考えてみてください。

「魂の修行です！」と思うなら、そのまま関係を続けたらいいと思いますが、自分の人生を自分らしく楽しく生きたいと思っていて、自分を愛しているなら、おのずと答えは出てくるはずです。

もし改善できる点があるなら話し合い、お互いに歩み寄ることも大事。しかし、なかなか努力しても改善されない場合はどうしましょう？　別れるか、関係を続けるかの基準があるならそれは何でしょうか？

その人と一緒にいる自分は、好きですか？　嫌いですか？

たったこれだけなのです。これはとても大切な要素です。

愛している人、好きな人と一緒にいる自分のことは、たいていの場合は好きなものです。

それは、相手に愛されている、好かれている、ということを自分の心と体の全部で感じるから。心地よさがあるわけです。友人関係も恋人も夫婦も同じ。人間ですから多少の居心地の悪さがあることはもちろんあります。しかし、総合的に見て、その人と一緒にいることで成長できたり、相手の価値観が好きな場合は、そういう人と一緒にいられる自分のことも好きだったりするものです。

たとえば、数年付き合っている彼から、怒られてばかりのアラフォーの女性がいたとします。「だから、お前はダメなんだよ」といつも彼からダメ出しされ、自分がダメダメ人間になったかのように感じてしまう。でも、「自分も四〇歳前のいい年だし、今さら新しい彼なんてできそうもない。好きな人ができてから別れてもいいよね。クリスマス、バレンタイン、誕生日に一人なんて恥ずかしいし。まして、この年で彼がいないなんて、周りからもすごくさみしい人に思われるし……」と、彼との波動が合わないことを見て見ぬふりして、年を重ねてしまっている……。

このような状況の方もいらっしゃるのではないでしょうか。

しかし、その人にとって「彼氏」という人間関係のスペースが空かなければ、次の出会いはないものなのです。相手に対して妥協を続けていくその先には何があるのでしょうか？

あなたは、今付き合っている人と一緒にいる自分が好きですか？　ときどき、人間関係を見直すことが必要になるときがあります。それは別れるとか離れるとかの問題だけではなくて、自分を見つめ本心を知るために、自分と向き合うことだったりします。一緒にいる相手によって自分自身の輪郭が見えてくることがあるのです。

人との距離感～友達と知り合いのボーダーライン

以前、とある読者から次のような相談が寄せられました。

「私には、小学生のときからずっと付き合いを続けている友人が三人います。当時からそれぞれのポジションが決まっていて、いつも私は何かとイベントのときなど仕事を無理やりやらされて、不公平さを感じていましたし、大人になってからもその役割は変わらず、違和感だらけです。都合のいいときだけ使われて、あるときなど私を呼ばないで三人で集まっていたこともあります。しかし、私は他に友達がいないので、この関係をやめたら寂しくなると思って、みんなに合わせて付き合っています。細いパイプでいいから、たとえば、年賀状をやりとりする関係や一年に一回くらいは会う程度の付き合いにしたいのですが、私は間違っていますか？」

相談者がいいたいことを簡潔にまとめると、付き合いに違和感がある。しかし寂しいから別れたくはない。だけど嫌だから細い関係にしたい、ということです。簡潔に答えをいうなら、違和感があるなら、やめたほうがいいのですが、バッサリ切るのに抵抗があるかもしれませんね。

友達関係によって、定義づけが違うと思うのですが、相談者の「友達関係」はどのラインまでのことをいうのでしょうか。年賀状のやりとりだけをする相手は友人でしょうか？知り合いでしょうか？　習い事で一緒だった受講生数人とお茶をしに行った場合、その人たちは友達でしょうか？　それともただの知り合いでしょうか？

たとえば、人付き合いのレベル分けをするとしたら、その「友情が終わった」とされるお友達をどのレベルに位置づけたらいいかを考えてみるといいかもしれません。
以下は友達と知り合いのボーダーラインです。

・すごい友達レベル……会う回数に左右されず、心を許すことができ、なんでも相談できる人。そこには尊敬の気持ちもある。会いたい人。
・友達レベル……普通にお茶をしたり、ショッピングしたり、年賀状や誕生日プレゼントなどをあげるお付き合い。
・知り合い以上友達未満……会っても会わなくてもいいレベル。

・ただの知り合い……連絡を取り合える程度で知っている、または話したことがあるというレベル。
・絶対連絡を取りたくないレベル……あいさつもしない、無視、スルー状態。

ご自身の中で、それぞれの友達がどこにカテゴリ分けできるか決めておきますと、今後の付き合い方が明確になっていくことでしょう。

そして、相手との関係を終わらせるかどうかを迷うときに次のような自問をしてみてください。

「そのお友達は自分の人生で、いなくてはならない存在ですか？」

先にも書きました通り**人間関係には、法則があります。「波長の法則」や「類友の法則」とも呼ばれていますが、今の自分と同じ波長の人や同じ価値観を持った人たちが集まるようになっています。**もし、その人々と付き合うことに違和感があったら、自然消滅的に離れるもよし、「お付き合いやめますね」といって離れるもよし、です。深刻にならなくてもいいのです。

シンプルに考えてみますと、「相手といて心地よいか？　そうではないのか？」。お付き合いを続けるかを見分けるのはたったそれだけです。

よくいわれることとして、以前は友達と愚痴や悪口やネガティブなことをいい合って、お互いの傷を舐《な》め合ってきたけれども、今ではそれが本当に嫌になってきて離れた……という方がたくさんいらっしゃいました。人は、成長してステージが変わると周りも変わってきます。

さて、似たようなケースで悩んでいらっしゃる方は、次の質問に答えてみてください。

・その友人となぜ付き合いたいと思っていますか？（もしくは思っていましたか？）
・付き合うことで得られたことは何ですか？
・その関係が終わることで、失うものがあるとすれば何ですか？
・もし、今後もその方々と付き合いを続けるとしたら、何か得られることはありますか？
・そして、理想の付き合い方とは、どんな付き合い方ですか？

これらの質問に答えると、付き合い方がもっとシンプルに明確になっていくでしょう。

別れに関して、次のような聖書の格言があります。

「天の下では、何事にも定まった時期があり、すべての営みには時がある。

（略）

捜すのに時があり、失うのに時がある。
保つのに時があり、投げ捨てるのに時がある。
引き裂くのに時があり、縫い合わせるのに時がある。
黙っているのに時があり、話をするのに時がある。」

「失うのに時がある」とあるように、もし本当に終わったと思っているならそれが時なのでしょう。そして、もしその友情をまた取り戻したい！　と心から思うことがあるならば、「縫い合わせるのに時がある」のでしょう。

嫌いな人と縁が切れない理由

嫌いだから早く縁を切りたいと思っていても、なかなかその人とつながりを断つことができない、といわれる方がいます。または似たようなケースとして、いつも同じような苦手な人が目の前にいるということがあります。特に、職場では転職するたびにそういう苦手な人がいつも近くにいる。そんなことありませんか？

一ついえる点としては、心理学用語では「投影」というのですが、自分の中にあるものがその人を通して見せられているのです。そして、もう一つあげるなら、その嫌いな人から学びを終了していない、まだ卒業できない、ということ。その課題を乗り越えたときに、その似たような苦手なことと同時に相手との関係も終わるものなのです。乗り越えていない、いつもイライラする、ムカつく、そんな状況なものですから、どこに行こうがその課題はあなたについて回るのです。

そもそも、なぜあなたはその人が嫌いなのでしょうか？ その理由に注目して向き合ってみることも大切です。見たくない自分の嫌いなところが、いつも苦手な人を通して目の前で見せられるから嫌いな可能性もあります。はたまた、自分がやりたい、と思っているけど、なかなかやれないことを、堂々と相手がやっていたりすると、それもまたあなたにとって苛立つ原因になることがあるのです。他人は自分をうつす鏡だからです。

SNSでの自撮りをアップすることについて賛否両論がありますが、反対派の人であっても、「容姿が良ければ」「美人であれば」そういう条件さえ満たしていれば自撮りをアップしたい、と思っている女性は、案外多いのです。でも実際は、自分の容姿に自信がないからアップしないでいるわけですね。

そんな中、自分の容姿にお構いなし、別に綺麗でも可愛くもないのに、堂々と自撮りをアップしている人を見ますと、「自分のこと、可愛いとでも思っているの?」と苛立つのです。それは反対派の人の基準で、自分が可愛かったら綺麗だったらアップしたい、という条件を無視してアップしている、ということに苛立っているのです。

苦手な人の嫌いな理由を掘り下げ、自分の奥底にある本当の気持ちを見つけ出し、情状

酌量の余地を持って相手を見ることができたときが、その人との学びが終わった瞬間であり、その人とは自然に別れが来るようになります。そして、二度と、同じようなタイプの嫌いな人が現れなくなるのです。厳密にいえば、その人が嫌いではなくなったので、似たような人が目の前に現れたとしても、「気にならなくなる」という意味でスルーできるようになる、ということでもあります。

別れは、どのケースでも同じで、結局は人間関係の学びが終われば、お別れになる、そう、卒業する、ということなのです。

私はこの度二度目の結婚生活にも終止符を打つことにし、新たな人生を歩むわけですが、元夫からは多くの学びを受け取り、もう元夫のようなタイプは目の前に現れないような、そんな気がしています。

元夫は、集中力がすご過ぎて、悪くいえば周りがまったく見えなくなる、空気が読めないなどの特質がありましたが、私にとってその資質は大いに良い影響を与えてくれました。未来よりも今が重要であり、思考がシンプルで、いいと思ったら即行動、ネガティブな未来を考えられない資質。そのときの私にとって必要な特質を、彼が私のロールモデルとなって教えてくれました。
空気を読むことが苦手なので、思ったことをすぐ口にする傾向があり、私自身傷つくことも多かったですが、それもまた対処する方法を学ぶ機会となりました。そして、彼は長年、会社と私をサポートしてくれましたが、私から卒業すると共に自分の力で仕事をする新たな決定をし、旅立つことにしました。本当に私たちは運命の出会いだったと思います。彼がいなかったら、今の私がいなくて、そして私がいなかったら、今の彼はいなかったからです。

嫌いで嫌いでしょうがないうちは、なかなかまだ課題を乗り越えていない、ということです。そう思っている間は、別れはやってきませんが、その学びが完了したときに、もう似たような嫌いな人とは縁がつながらないのでご安心を。

何かと面倒臭い、群れる女のグループ付き合い

人間関係の悩みのパターンに、個人的なグループ付き合いがあります。

たとえば、ママ友だったり、昔からの同級生のグループ。友人関係がグループになったときに、一つ起こりうる問題としては、リーダー的な存在の人が出来上がってしまうこと。一人の強い意見の人に迎合してしまい、自分の意見がいえなくなってしまう可能性が出てきてしまいます。

グループ付き合いは何かと面倒です。そんなグループ付き合いができるのは、高校生くらいまでではないでしょうか？

大人になってからも、同じ相手と密な関係を持ち続け、ずっとその状態に身を委ね続けるのは、自己の成長を阻む原因になってしまいます。同じ人とばかり付き合うというのは、ずっと同じでいる。つまり、違う視点も得られないものなのです。

たとえば、同級生だった四人グループがいるとします。独身のうちは二、三カ月に一回くらいで集まって、仕事の愚痴や以前の同級生の誰々がどうだったかとか昔話で盛り上が

っていたものの、女性の場合は、結婚や出産がありますから、独身だった人が結婚したり、子供が生まれたりしますと、その関係性も変わってきます。

関係性が崩れたら、もうしがみつく必要などないのですが、今まで一緒だったのだから、ずっと仲良しで一緒にいようね、みたいな人がいると面倒です。

四人のうち一人くらいが結婚したら、まだ変わらないかもしれませんが、二人結婚し、三人結婚したときに、一人の独身者はそのグループにいづらくなってくることでしょう。子供が生まれたら子育ての話になるでしょうし、もう、そうなったら新たな人生をそれぞれが歩んでいるので、仲良しこよしのグループ付き合いは、やめたらいいのです。本当にたまに、極々たまーに会うなら新鮮に感じることでしょう。ちなみに私は、小中高の同級生と一度もお茶すら飲んだことがありません。

ママ友に関しても同じです。何かの集まりで、誰かが呼ばれたのに自分は呼ばれなかった、といって、本気で悩んだりするのは心痛になります。むしろ、グループに属さずに、自立の立場を貫いたほうが自由であり、大人の女性として魅力があります。

ある女性専用の掲示板で、ママ友関係の投稿を見たことがありました。そこには、「引っ越してきたママで、まったくグループに入ろうともせず、自分たちの地元のルールも無視していて、なんなのよ、あの人は！　教えてあげようとしてもかわされて腹立たしい。それなのになんでみんなの人気者なの!?」という、投稿がありました。グループ付き合いですと、無言のルールのようなくだらないものが存在するのです。服装はそんなにおしゃれにしてはいけないとか、家に呼ばれたら自分の家も提供しないといけないとか、子供をお互いに面倒見合ったり、預かったりしなければいけないとか、車を持っている人は乗せなければならないとか……。

私はいつもそのサイトで、女性たちの関心事を参考にしているのですが、まったく意味不明、信じられないようなママ友付き合いなどがあるのです。

私たちはもう大人です。誰からも指図されたり、ルールを押しつけられたりする必要はありません。ママ友のような関係性でも、いい距離感を持ちながらお付き合いしましょう。もし、その関係性で疲れがきたら、離れてみるのはいかがでしょうか？　行きたくもない集まりに、無理して時間と労力とお金を使うのでしたら、行かないことを選択し、その時間を有意義に使って読書でもしていればいいのです。

「でも、子供が仲間外れになってしまいます」とおっしゃるでしょうか？　もしかしたら、子供たちも親と同じ、変なルールの下で自由な思考が奪われていないでしょうか？　親たちの付き合いの縮図が子供たちの関係性の中にも案外あるものなのです。

もちろん、子供が行きたい、という選択をするならば、親は協力してあげたらいいですが、そこでもしあなたが不快に感じるなら、ママ友たちとは精神的に距離感を置きながらお付き合いする、ということもできます。さっきの掲示板の投稿に出てきた、自立した女性のようにです。私はそういうママたちのほうがかっこいいと思います。そしてそういう母親のもとで育った子供たちもいずれは自立して自分の考えを持ち、発言できる強さを持ち合わせるようになるでしょう。

嫌われたくなくても離れるべきときがある

新たに得られたご縁が心地よい場合、それは人生の中で宝物を得たかのように喜びが何倍にも膨れ上がるような気持ちになるものです。しかし、逆に、つながってしまった相手が、自分の人生の中で本当に重苦しく、そして心に痛みを与えることもあるのです。

さて、もし身近にそんな人が現れたらどうしましょうか？　一度親密になった後に、その関係に疲れてしまったり「もう無理！」と思った場合、どうしましょう。

ずいぶん前の話になりますが、私もそんな経験があります。

独身の頃の話です。同じアパートに一〇歳年上の女性が引っ越してきました。とても面倒見のよい方でときどきおかずの差し入れが届くようになりました。夜遅くまで働く私は、彼女にとって妹みたいな存在となり、いつも気遣ってくれるようになったのです。

はじめて差し入れをもらったときは、うれしくて本当に感謝しました。そして、その女性は車を持っていなかったので、たまにですが、途中でお会いしたときは目的地に乗せていくなどしていました。そうしたら、どんどんその差し入れの頻度が増してきて、はっきりお断りしても「遠慮しないで〜」と毎日のように届けられるようになりました。居留守は通じません。なぜなら、私の車があるので、わかってしまうのです。

さらにエスカレートして、私の食生活まで口出しするようになり、「ちゃんと食べているの？　肉もバランス良く食べないとダメよ！」「野菜は毎日◯グラム摂《と》らないと！」私はだんだん息苦しくなってきたと共に、もう、無理、あの人嫌い！　という気持ちに変化していったのです。

さらに、その女性は私の親代わりにならなければと勝手に使命感に燃えはじめ、私が夜帰ってくる時間を自分の手帳にチェックするようになったのです。翌朝会ったときは、その手帳を見ながら、「昨日の帰宅は深夜一時を過ぎていたわね〜。三日前も一時だったわね。嫁入り前の娘が午前様ってマズいんじゃない？　最近夜遊びが過ぎるんじゃないの？」と、お説教までしてくるようになったのです。嘘みたいですが本当の話です。彼女が精神的に病んでいないか疑うようになっていたので、強く断ると何をされるかわからない……と思って怯えることもありました。

だんだん息苦しくなること一年、耐えに耐えて、それが原因で私は体調も崩し、結局引っ越ししました。金銭的負担もかなりありましたが、離れられるものなら、離れたほうがいい！ と結論し、物理的に離れる、つまり引っ越しすることを選択したのです。

もしあなたが同じような状況ならどうしますか？ 一ついえるのは、離れられるものなら離れてください。つながってしまった縁が、あなたにとって心地よくないものなら、いずれ離れることになるかもしれませんが、厄介なのは、自分は心地よくなくても相手が勝手に心地よい、と思っている場合です。

そんな場合も、相手を傷つけたくない、という気持ちが先行するでしょうし、平和に解決したいと思って、ずるずるとその関係を続けてしまうこともあるかもしれませんが、残念ながら**人間関係はどちらかが心地よくない、とか無理！ と思ったらいずれは終わるものです。**嫌われたくないからといって、そのままにしておくことはおすすめいたしません。

フェードアウトでもいいですし、はっきり「お付き合いできません」と伝えることでもいいですし、物理的に離れられるなら離れてもいいでしょう。

あなたの人生は、あなたのもの。

あなたを不快にさせる相手に、あなたの人生を支配させてはなりません。

長い人生、ご縁がつながる人もいれば、切れる人もいる。それはサイクルなので自然のことなのです。**「別れる」ということに過剰な反応を示す必要はない**のです。

悲劇のヒロイン症候群から脱出せよ！

昔の私は、不幸な体験をしたときに自己憐憫《れんびん》に陥る傾向がありました。一回目の離婚のときや、その後の失恋のときなどは、立ち直るのに数年要しました。

自己憐憫というのは簡単にいいますと、自分で自分をかわいそうだ、と強く思う気持ちのことです。言葉を換えていえば、自分が「悲劇のヒロイン」だと思うことです。考えれば考えるほど、世界が終わったかのような、自分が世界でいちばん不幸になったような気がしていたのです。

悲劇のヒロインになり、起きた出来事をまるでストーリーのように何度も何度も思い出し、「私のかわいそう体験」を誰かに語ることでさらに、そのかわいそうな自分を脳内インプットし、その出来事を印象付けることをしていたのです。そうすることで、誰かに「大変だったね」といわれることを望んだり、その出来事を他人のせいにして、楽になろうとでもしていたのでしょう。楽になるどころか、もっともっと苦しくなるだけなのに。

もし、その傾向が自分にもある、と思われたとしたら、そういうときの自分は、どこに目を向けていると思いますか？　自分は不幸だと思った途端、今後何が起きると思いますか？

それは、悲劇がもっともっと自分に起きるのです。**脳は、自分の興味のあることを拾おうとする傾向があります。つらいこと、苦しいことを何度も何度も話し続けているとあなたの脳は、もっともっと苦しいことを探そうとします。**そして、まさにそのようなことが身に起き、ますます自分は不幸せなんだと思う不幸せサイクルに入るのです。

そして、いつまでもそれを誰かに話し続けます。気付いていないかもしれませんが、あなたはその話をするのが好きなので、何度も話し続けると、だんだん、そこに感情が乗ってきます。演劇で演じる人が何度も何度もそれを演じ続けると、最初のときよりも感情が込められ、迫真の演技ができるのと同じように……嘘の作り話でさえも、感情が乗っかって何度も話し続けると、脳はその作り話を現実の出来事、と取ります。

もう、自分を憐《あわ》れむのをやめましょう。あなたは決してかわいそうではないのです。人生のつらいこと、苦しいこと、逆境、試練……すべては、あなたがもっともっと強くてしなやかで、人として成長するために、経験しなければならないことが自分の身に起きているだけのことなのです。

病気も、借金も、愛する人との別れも全部全部、**あなたがそれを乗り越えられるから、そこから学び、強くなれるからこそ起きる出来事**です。

誰にでも、似たようなことが起きます。何もなくて平安なのが幸せ、と思うかもしれませんが、決してそうではありません。何も起きなくても何かが起きても、私たちは、見方一つで成長することができます。逆に見方一つで自分を悲劇のヒロインにしてただ泣いて暮らすことにもなります。

簡単な質問ですが、あなたはどちらでありたいですか？

もし、前者であるならば、答えは簡単です。あなたはかわいそうではない、ということ。その経験によって、人間力や女子力がアップし強くてしなやかな人間になるのです。あなたが悲しみを攻略をすることを神様は望んでいます。

もし逆に、あなたのつらい状況を誰かに話して、その誰かが、あなたをかわいそう、などといっても、それを喜ばないでください。あなたはかわいそうではないから。「つらかったね」と「かわいそうね」とでは意味合いが違います。

もちろんつらかったかもしれませんが、かわいそうではないのです。つらい気持ちを早く昇華するためには、そのつらさを存分に味わって、誰かに話すなり紙に書き出すなりして消化する作業をしてください。

そのあと、心が軽くなったら、もうそのことに目を留めるのはやめましょう。「経験値が上がった」と捉え、その問題を昇華させてください。できることなら、いつか笑い話にしてみてください。人はそうやって強くなっていくのです。

私も大分強くなりました。後から思えば、試練を送り込んでくれた元夫にさえ心から感謝の気持ちが湧いてきます。そして、試練があったからこそ、そのさなかで私を支えてくれた友たちがいたことを知り、彼らへのご恩は一生忘れません。愛も憎しみも信頼も、すべて貴重な経験でした。

どうせ、ストーリー仕立てにするなら、あなたという主人公は悲劇のヒロインではなくて、アドベンチャーのヒーローであってください。苦しかったことをあとで誰かに笑い話として伝えられるように、おもしろおかしくそのストーリーを作り上げ、最後に教訓で締める。そうできたときに、それは、思い出しても嫌な経験ではなくなります。

毎日が出会いであり、別れである

私が時間を本当に意識するようになったのは、震災以降です。誰もがいつこの世を去るかわからないと思ってからは、普段の毎日にこそ本気で意識を向けるようになりました。

たとえば、私がよく思ったのは、働いていた会社の出勤最終日に「ああ、もうここに来ることも二度とないのか」とか「○○さんには、もしかしたら死ぬまで会えないかもしれない。いつかこの笑顔を忘れてしまうのかな？」とその人の顔を目に焼き付けてみたり。

そして、いつも通勤していた道も「もう、ここも通ることがないのか……」と思うと、景色が違って見えましたし、いつも目に入ってこない看板や、道路の凹《くぼ》みや家々まで違って見えました。

苦しくてつらかったけれど、本当に楽しかった自動車学校での大型バイクの教習のときも、卒業検定の日、合格のうれしさと同時に、いつも教習で私を笑わせてくれたおっちゃん先生と、もう会えないのか……と思ったら、涙すらにじみました。

もしかしたら本当に最後の瞬間かもしれないと思った途端、その時間はスペシャルになります。しかし、別れることがなかったとしても、二度と同じ時間というのはない、という意味では、すべてが最後の瞬間。大切に過ごしたいと思うのです。

一六年間を共に過ごした愛犬モモとの別れが近づいていた頃、フェイスブックにモモと愛猫マイケルの写真を撮ってアップしたときは、似たようなことばかり書いていました。この二匹が一緒にいるところを見ることができるのはずっと続くわけではない、と目に焼き付けたものでした。そして、やはり、もう二度とその瞬間は戻ってきませんでした。モモがなくなる数時間前に、最後の写真を撮りました。

過去に関しては、元夫と最後に一緒にした食事を覚えていません。最後にいつ手を握ったのかも覚えていません。過去に付き合った大好きだった彼との最後のデートも思い出せません。職場で、尊敬していた先輩の最後の言葉は、あのときは感動したはずだったのに忘れました。ブログを始めて初めてもらったうれしかったコメントすら、何が書いてあったか覚えていないのです。

過去の記憶はどんどん薄れていき、忘れていきます。もちろん、忘れる生き物だから生きていけるのですが、それでも日々の当たり前のことも当たり前ではない、という感謝の気持ちで過ごすと、本当に丁寧に生きることができます。

毎日、感動することはないかもしれませんが、毎日を感謝することはできます。失って初めてわかる大切さを、失う前に知ってください。普通にあるものが、当たり前のものではないと心から思えたときに日常が感謝にあふれたものに変わっていくことでしょう。

毎日毎日意識することはできなくても、ときどき、「あ、こんな当たり前に毎日やっていることも当たり前のことじゃないんだな」と思い巡らしてみましょう。景色が変わります。新鮮になりますから。

同じ時間は二度となく、そのときそのときが初めての瞬間であり、最後の瞬間でもある。

そんなことを常に意識していると、時間がかけがえのないものであり、そして誰かと一緒に過ごす時間も、ただただ過ぎるのではなく、ありがたい気持ちでいられるものです。

その人と一緒にいるのがいつ最後になるかわからないのだから。

COLUMN
2

感謝の気持ちが人生を豊かにする

ときどき、実家へ片付けに行っています。母も少しずつ家の中を整理しておきたいと思っているのでしょう。生きているうちに迷惑をかけないようにしておきたい、という子供の私たちを気遣ってのことだと思います。

父の引き出しを整理していたときに、一通の手紙が出てきました。今から九年ほど前に、親友から送られた手紙でした。その親友のことを、私は子供の頃から、「玉野のおんちゃん」と呼んでいました。「おんちゃん」とは、宮城の方言でおじちゃん、おじさんのこと。親戚の人も近所の人も、こちらではおんちゃんと呼びます。

玉野のおんちゃんは、終戦のチョイ前くらいのときに、空襲を避けるため、都会から田舎の父の家の近所に、疎開してきた人でした。その頃は、本当に食べるものがなかったそうです。

玉野のおんちゃんがうちに遊びに来て飲み始めると、私にいつも同じ昔話をしていました。「子供の頃な、あんたのお父さんに助けられたんだ。孝雄（私の父の名前）は命の恩人なんだよ」

食べ物もない時代で、玉野のおんちゃんは妹と二人だけで田舎に疎開させられ、親戚の叔母さんの家で肩身の狭い思いをしながら、みじめな生活をしていたそうです。食べ物もないので、いつもお腹がすいた状態。そんなときに、うちの父と出会い、父は玉野のおんちゃんに、いつも自分が食べる分を減らしておにぎりをあげていたそうです。同じ話をするのは、そのことへの感謝の厚さの表れなのでしょう。

父と母はお見合い結婚ではありますが、二人は同じ地元でした。小学生のときから、父と玉野のおんちゃんと母は友達だったそうです。今の母の姿からは、まったくもって想像もつかないのですが、中学、高校のときの母は美人だったそうで、玉野のおんちゃんは、母のことを、子供の頃からずっとずっと好きだったそうです。

しかし、大人になってから、自分の親友（私の父）と母がお見合いをしたことを知り、かなりショックを受けたそうですが、玉野のおんちゃんはうちの父に助けられた恩があるから「さっちん（うちの母）は孝雄に譲る!」、そういって、涙を飲んで、母をあきらめた、といっていました。

私は父が大嫌いでしたが、玉野のおんちゃんのおかげで、父のいいところを認めることができ、そして生きる上で、本当に何が「ありがたいこと」なのかをいつも心の片隅に置くきっかけともなっていきました。

玉野のおんちゃんは、この手紙を書く一年ほど前にガンが見つかったそうです。入院した病院から、父に便箋十数枚にわたり昔の体験と父への感謝の言葉が書かれていました。

三浦も夏の海の色に変化した。久し振りに城ケ島も夏らしくなっていた。
先日は、長々の手紙、つらい思い出を読んだことだと思う。相すまん。
まだ手も思うように動かぬがまあまあだろう。
又、見舞いまでいただき、誠に申し訳ない。心より御礼申し上げます。

先日何とか退院してきた。歩行がなかなかできないので、
リハビリに三カ月はかかるとのことだが、
出来る限り頑張ってみるつもりだ。
一歩一歩だがこれも人生の最後の歩みかな。

病室でお前の手紙を読んで、一人大泣きしてしまった。
涙が止まらなかったよ。
俺は本当に心からの友を持った幸せ者だと感じた。

俺もお前も本当に体を張った人生だよ。
俺は、金持ちにはなれなかったが、人には恵まれた。
これが自分の宝となった。
何物にも代えがたい財産かもしれない。

孝雄……もう、頑張って働かなくてもいいんだよ。俺たちは!!
明日の食さえあれば幸せなんだよ。
生きようぜ。まだまだ死んでたまるか!

孝雄とさっちんの顔が見たいよ。
必ず行く! そして、お前と抱きしめ合いたいよ。

とにかく、身体には十分気を付けてくれ。若くはない身体だ。
大切につかわなくてはもったないのかもなぁ。

「今一度」「今一度」必ず会いに行く!!
元気でいろよ! 自分の足で必ず歩いて、会いに行く!
リハビリ頑張る。

さっちんも身体には十分気を付けてください。

古漬けで朝飯食べたい……必ず会いに行く！
だんだん字も乱れてきたのでとめるから。お礼まで

この後少し経って、玉野のおんちゃんは亡くなったそうです。文字もだいぶ崩れていたことから、最後の力を振り絞って書いた手紙であることが読み取れました。この手紙が父に届いたときには、父は七〇歳を過ぎていたのにまだ現役で働いていました。病に倒れたからこそ、父にもゆっくりして欲しくて「もう、頑張って働かなくてもいいんだよ。俺たちは」と綴ったのでしょう。

物のない時代、食べ物のない時代に生まれ、今は豊かに食べられること、玉野のおんちゃんは手紙の中でそれに触れ、「明日の食さえあれば、幸せなんだよ」といっています。餓死寸前の生活をしてきた人にとって、この現代で得られていることがどれだけ幸せなことかを、彼は私にも再三教えてくれました。

そして、金持ちにはなれなかったが、人に恵まれたこと、これが財産である、ということも。どんなにお金があってもそのお金で共に喜ぶ相手がいなければ、それは何にもならないのかもしれません。

結局、玉野のおんちゃんの「必ず会いに行く！」は果たされることはありませんでした。それでも、彼は笑顔のうちに天国に逝ったことはよくわかります。いつもの口癖は、「孝雄に出会えてよかった……」という言葉。

人生の中で、命よりも大切なものはありませんが、死にゆく人が最期に思うことが感謝の気持ちであるなら、もうそれは最高の生き方であり、最高の逝き方なのです。私たちもあちらの世界に逝くときには、そうありたいものです。終わりよければすべてよし！　感謝の気持ちでこの地上の歩みを終えて、元いた場所に戻っていきたいですね。

CHAPTER 3

第 3 章

積極的に「やめる」生活をする

［物、環境、思考、習慣］

「お金への執着」と「貧乏思考」から抜け出す

「経済的に豊かな日本になってきました！」なんて話題、聞いたことがありませんね。いつの時代も不況、不況……。さて、あなたは不況のあおりを実際に受けていらっしゃいますか？

どんなにメディアでそれが騒がれても、身を切られるほどの影響は受けていないのではないでしょうか。

不況、不況と聞くと、思いも心も不況の影響を「まるで受けたかのような気分」になって、財布の紐を固くします。それが、回るべきお金のエネルギーがそこでストップしてしまう原因となるのです。買わない、遣わない、貯めることで、お金の流れを止めているその人にもお金が入ってくるエネルギーが流れなくなってしまうのです。

気にしないで、バンバン遣いましょう！　という話ではありませんが、お金がない、お金を出さない、という思考とはさよならしましょう。

お金には遣い方があるのです。こんなときこそ、自分と人の喜びのためにお金を遣うと、本当に、本当にお金は入ってきます。**引力の法則が働いているのと同じく、他の人のために遣うその精神は、また再び、その人に入ってくるようになっている**のです。「金は天下の回りもの」という表現は、宇宙の法則でもあります。

大金じゃなくてもいいです。たとえば、コンビニで八九五円の買い物をして、千円出すとおつりが一〇五円きますが、それを発展途上国や盲導犬などの募金箱に寄付するなら、それだけでも天がパァ〜ッと開けてくる感じ。その後、お金は姿を変えて（もしくはそれ以上になって）再び、自分のところに戻ってきてくれます。

募金以外にも、たとえば日頃お世話になっている友人に、感謝の気持ちを込めておごるとか、両親にプレゼント、祖父母にお小遣いをあげるなども良いでしょう。こんな遣い方ができたら、お金も喜んでくれるわけです。お金はエネルギーですから、エネルギーを出せば、いずれ回り回ってあなたのもとにやってきます。その出したエネルギーにどんなあなたの感情のエネルギーを乗せるかもポイントです。喜びの感情を乗せましょう。

これがお金の執着を取りはずす方法でもあり、貧乏思考とさよならする最速の方法です。**お金はないから出さないのではなくて、出さないからないのです。**特に、他人の喜びのためにお金を送り出す、ということを自分の身の丈の中ですることで得られる楽しさを経験しますと、お金に喜びのエネルギーが乗るようになります。そうすると、お金を牢屋に閉じ込めていた生活から抜け出せて、いいお金の遣い方を体感するようになるのです。

それを続けていくことで、お金は喜んで送り出すことこそが、意味ある遣い方であることを知るのです。貧乏思考とさよならしてこの思考になると、周りの人々の、不景気だとか節約しているとか「うちは家計が火の車」なんていうことを聞いても、まったく経済状態に影響を受けることはありません。

消費税が最初三パーセントになってから、五パーセントになり八パーセントになり、そして、一〇パーセントにもなろうとしていますが、経済的に豊かであってもそうではなくても、それらはすべて自分次第、物の考え方で、まったく影響なんてありませんので、ご安心を。

周りの人々の声に振り回されないでください。お金の法則はどんな環境や状況にも左右されません。

「今」だけに集中すると不安に襲われない

人は毎日、何かしらの決定をして生きています。大なり小なりその決定が人生のわかれ道になることがあります。特に、結婚や別居、離婚、子供を産むかどうするか？　または転職……その決定が本当にいいのかどうか、不安で不安でしょうがない。誰もがそう思うことでしょう。

なぜ人は不安に思うのでしょうか？　それは失敗したくないから。そして、その不安というものは、何が起きるかわからないまだ見ぬ未来に抱くもの。しんどいことがあるかもしれない、という単なる想像からきています。

しかしながら、ものは考えようでして、「失敗」というのはただの概念であり、絶対に失敗しないこともできるのです。その方法は、**あなた自身が「失敗した」と思わなければいい**のです。たったそれだけ。それに似て、決定したことを「後悔したくない」も同じです。後悔しない方法は、「後悔しない」と決めて、絶対に後悔しなければいいだけです。

人生は、○と×で白黒はっきりさせられるものばかりではありません。いつでも、○から×に転じますし、逆もありきで、×から○に転じる可能性だってあるのです。

たとえば、彼氏にフラれたというのが×だと思っているかもしれません。しかし、その人が、暴力をふるう人だったら、その人と付き合わなかったことは○になるでしょう。お金持ちでかっこいい彼と結婚できた。しかし、彼は浮気ばかりする人で悲しい思いをしているならば、○だと思っていたのが、結婚後×となるかもしれないのです。

人生はわからないものなのです。すべてそれを柔軟に受け入れようと思ったときに、失敗も後悔もなくなるのです。

ただし、何かを決定する前、そして決定した後に、不安というのが完全にゼロの状態にならないこともあります。たとえば以前、離婚を決意したけど、不安で不安でしょうがない、と読者の一人から相談されたことがあります。それは当然のことでしょう。その方は、シングルマザーとして生きていかなくてはならず、いろんな要素が絡んでいますから、なおのこと不安だったことでしょう。ただ一つその方がいっていたのは、後戻りしたら絶対後悔する、と思っていたこと。これだけわかっていたらもう十分です。決めて前に進んだときには、「後悔しない」と腹をくくることです。

どの道を選んだとしても、喜ぶべきこともイバラの道もあり、半分半分なのです。

しかし、意識の向けどころで、そのいいことも悪いことも半分半分ではなくて、「いいことが多い」と感じることもできます。それは、自分の身に起きている「いいこと」「楽しいこと」「ありがたいこと」にいつも注目することです。

目の前に現れてくれる世界は、自分の意味付けでどうにでもなります。悪いことが起きて、「悪いことだ、悪いことだ」と嘆くこともできますが、次なるステージでの「学びや教訓だった」と思うこともできるわけです。

何が起きてもすべて自分の意味付け次第。さらにいえば、これからの自分の人生も、どういう意図と設定を持つかでまったく違ったものになるのです。

「よし！　私の人生、これからはバラ色にする！　そのためには……」というような意思を持って生きるのと、「不安で不安でどうなることやら……」と不安のバイブレーションを発するのとでは結果がまったく違います。

私たちは前に進むしかないのです。見るべきところは、「未来と現時点」。良き未来を妄想したら、あとは着実に今しか見ない。そして、今だけ見ていけば、不安から解放されます。

誰もが、不安を抱えて生きています。それを背中にドッシリと背負っている人も、小脇にチマッと抱えている人もいることでしょう。手の中に石コロ程度の小さな不安を握りしめている人もいるかもしれません。

持っている不安が大きく感じるのは、動くことをせず、その不安ばかりを見るからなのです。不安もあるけど、ガシガシ前に進むよー！　という前向きな気持ちで歩き出せば、不安に注目せず、前を見て進むので不安はどんどん小さくなっていきます。動いたら案外、なんでもなかったことにも気付くことでしょう。動こうとする前が一番不安を感じるのですから。

そして、もし今つらくてしんどい状況の渦中にある方がいたとしたら、少しだけそれが軽くなり、悩みから解放される方法をお伝えします。

前を見ると不安になる。後ろを見ても不安になる。ならば、**今の瞬間だけに集中すると、不安というものは何も存在しません。**今の瞬間、瞬間だけに意識を集中する。そうすると全ての悩みから解放されることでしょう。

起きてもいない未来を心配したり過去を悔やんだりしても、時間軸には常に「今」しか存在しません。「今のその瞬間」を味わいきっていると、それ以上のことは何も考えられません。

もし、今苦しくて悲しくて泣いていたとしたら、泣いていることだけに集中してみてください。「ああ、私、今すごい泣いているな〜」と。その感情にとことん浸ってそれに意識を向け、味わいきっているうちに、「ああ、私、今泣いているな〜。つらいんだねー」と俯瞰《ふかん》できるようにまでなってきます。俯瞰できたときには、もう、感情のフィルターがスコーンと外れていますので、ものすごく客観的な視点に変わっています。

「今」に集中することで、すべての悩みから解放されます。なぜなら、過去も未来も現実的に経験できなくて、「今、この瞬間」のみしか経験できないのだから。

やめたい習慣とさよならし、動ける自分になる!

あなたはやめたいと思っている習慣、何かありますか?

たとえば、ダラダラとスマホを見ない、スマホのゲームをやめたい、スナック菓子を食べ続けない、タバコをやめたい……など。いろんなやめたいことが生活の中にあるかもしれません。しかし、やめたいと思っていることをやめるのにはなかなかのエネルギーがいるでしょう。

たとえば、ダイエットをするときに多くの人が、食事の量を減らす、というのを実践しています。炭水化物を食べないとか、深夜に食べないとか、甘いものを減らすことや、食べないことで、手っ取り早く体重を落とす方法を試みます。しかし、そのように「何かをやめる」というやり方は、人からエネルギーを奪うどころか、ストレスになります。人は新しい何かを始めることよりも、今まで何かをしていたことをやめる、という習慣を絶つことに、かなりのエネルギーを使うものなのです。そして、人間の特性の一つとして、

「やる」は「やめる」よりも成功率が二倍、なのです。

私は以前コーチングのコーチでしたので、この健康ネタやダイエットネタについては何度もセッションをしてきました。ダイエット目的で、「甘いものをやめる」という目標があったとします。コーチングセッションでは、あまり「やめる」ということをすすめはしません。達成率が低いからです。

「やめる」ことは、【ストレスがかかる】→【余計食べる】という図式になってしまい、デメリットがあります。それよりも、甘いものを食べてもいいとしたら、何をして調整するか？　を考えたときのほうが、何かを「やる」ことや「できる」ことを考えられます。

甘いものはやめないけど、「一つ前のバス停で降りる」という目標を立て、そのメリットをたくさん考えます。

【早く起きるようになる】→【歩くから朝ごはんをしっかり食べるようになる】→【健康的になる】→【歩きながら風景を楽しめ、新たな発見があり、朝日を浴びることでセロト

ニンが増え、おかげでさわやかでいられる】

ちょっと考えるだけで、こんなメリットがあるわけです。そのうち、メリットがあるほうをやっているうちに、あなたがやめたいと思っていた習慣から自然に離れることができるわけです。人は、気持ちのいいことが続きやすいのです。他にも応用してみましょう。

「夜更かししない」という目標ではなくて、「早起きする」のほうが取り組みやすいでしょう。夜更かしをしない、ということでしたら、早く寝る時間を設定しますが、早起きをする、でしたら、早く起きるために「できること」を考えます。

また、「ダラダラとPCを見ない」というよりも、そのPCを消した時間で何をしたいかを考え、「読書をする！」という方向に目を向けたほうが成功率は上がります。「部屋を散らかさない」ではなくて、「部屋を綺麗にキープする」のです。肯定文のほうが気分も良く、動きやすいですね。

やめたいと思っているときは、やめることばかりに意識を向けがちです。しかし、やりたいことに意識を向け、何をするかを考えますと、やめようと思っていたことが自然とやめられ、新たな習慣も身につきやすいものなのです。

実は、あなたのやりたいと思っていることを邪魔するものが、この「やめたい」と思っていることだったりするのです。つまり、その**やめたい、と思っていることにエネルギーを使ってしまい、行動するエネルギーが残っておらず、動けなくしてしまうことがある**のです。ですからあなたの夢のためにも早くやめたいと思っていることを整理してやめる計画を立てましょう。

やめたいと思っても、ずるずるとやめないでいることは、エネルギーの無駄、時間の無駄、お金の無駄、精神力の無駄です。無駄という無駄があなたのやりたいことを邪魔する存在なのです。

やりたいことがわかったら、もしくは、やりたいことがわからなかったら、まずは、やめたいことをどんどんやめていって、生活をシンプルにしていきましょう。そうしたときに、やりたいことに力が注げる状況が整うのです。

そして、ここからが大事です。なぜやめたいと思っているのか、その理由も書き出してみましょう。やめることのメリットを書き出してみましょう。

・ダラダラとネットを見ること ↓ その分、時間ができるから夢のための勉強ができる
・タバコ ↓ 浮いたお金を自分の資格取得の教材に回せる
・楽しくもない付き合いや交遊 ↓ お金と時間が浮くのでそれを学びのために使える
・家族との喧嘩 ↓ 疲れないので、元気になれる
・不安から来る貯金 ↓ 貯めても楽しくない。夢のために貯めたい
・断れない自分 ↓ 他人に振り回されない人生を送れるので自由になれる

こんな具合に、理由も書くともっともっとやめたくなるものです。これまでやめたいと思っていてやめられなかったことが、かなり時間と労力の無駄であることが明確になることでしょう。

しかし、中にはやめたいといっていながら、本当は、やめたくないこともあります。タバコが好きだけど、お金も気にしていないし健康であるなら吸っていたい、と思う人もいます。

「百害あって一利無し」なんていわれていますが、好んで吸う人にとってはリラックス効果があります。吸うと決めたら害ばかりに注目するのをやめましょう。そして、その種のものは、やめなければならない、と思えば思うほど、そこに引き寄せられるという傾向もありますので、ここは許可してみてもいいでしょう。案外、やめよう！　と思っていたときよりも簡単にやめられる可能性もあります。

毎日の生活や人生の中で、あなたにとって無駄だと思う習慣からさよならして、シンプルで、かつやりたいことにエネルギーを傾けられるような生活を目指していきましょう。

「やめる」ことで自分の可能性が広がる

前の項目で、「やる」は「やめる」よりも二倍の成功率、ということについて書きました。そうです。実は、何かを「やめる」というのは、決断力と大きなエネルギーを使うものなのです。ですから、なかなかやめられない、ということがあるかもしれません。

以前こんなことがありました。引っ越してしまったので、担当の美容師がどこに移ったかわからなくなってしまい、その後、ネットを見ていたら、たまたまある美容院にいたことがわかり、またそこに行き始めたのです。安心して自分の髪を任せることができる女性だったので、やっと会えた！　と私は安心していました。

彼女もまた、一年ぶりの再会にとても喜んだのですが、話で盛り上がっている途中、彼女は重い口を開いて私にこういいました。

「とっても……とってもいいづらいんですけど私、今月でここやめるんです……というよりも、美容師をやめることにしました」

深い事情は聞かなかったのですが、とにかくその決断をするまでは、だいぶ悩んだとのことでした。やめたら美容という世界に戻れない、と思うとやめたくないし、かといってこのままではいけない――まさに人生の決断だったのでしょう。事情はよくわかりませんが、私は彼女の決断を褒めました。

彼女は美容師の仕事が大好きといっていましたから。しかし、おそらく彼女が美容師になる！　と決めたときよりもきっと大きな決断であり、やめるには大きな勇気がいったと思います。

何年も、もしくは何十年も継続してきたことをやめる、というのは、本当に本当に大きな勇気がいります。やめたいのに、今やめたらすべて無駄になるような気がして……。

しかし、考えてみると、これまでのことは無駄になるどころか今の自分を創ってきてくれたわけですし、ステージがまた変わった、または方向性が変わったのだと思えば、勇気を持って流れを変える意味でも、やめてよかったと思える日が必ず来るものです。その結果を全部、自分で引き受けることを決意されているなら、なおさらそうです。

ステージを変えるのは、ある意味自分の生ぬるい居場所から抜け出て、自分の可能性が広がる瞬間でもあります。人間はずっと変化し続けるものでもあるからです。

私の人生の流れがガラリと変わったのは、元夫が脱サラをしたときでした。それは大きな決断でしたが、潜在意識はGOサインを出していました。

潜在意識の声は、ハッキリとキャッチできることもありますが実はチラッとよぎることもあるのです。しかし忙しい生活をしていたり、そのため感覚が鈍くなっていると、それをスルーしてしまいがちです。ですが、本当に重要なことは、キーワードや感覚として何度も何度も自分にメッセージとして降りてきます。

見なかった、聞かなかった、気付かなかったことにしようとしても、何度も同じメッセージが来るときは、きっと神様からのいい意味でのお知らせだったりもします。「そろそろ気付いたら?」っていうとき、よくあるものです。

皆さんは何かやめたいと思っていることはありますか? 石の上にも三年……という言葉がありますが、三年以上頑張ってみた結果として、今、何か流れを変えなければならない衝動に駆られているでしょうか？　もし、その流れを変えたいと思っていながら決断できないとしたら、その理由は何ですか？　ブロックになっていることは何ですか？
理由やブロックを書き出したり考えたりするだけで、それは、八〇年九〇年の長い人生のスパンで考えてみたときに、あまり重要なことではないことに気付くかもしれません。もし、やめたいことがあり、それがずーっと気になっているなら、ここらで一つ真剣に考えてみることをおすすめいたします。

続けてきたことをやめるのに、最大のブレーキになるのは、「今までやってきたことが無駄になる」という考えや、「今まで続けてきたのに、もったいない」という他人の言葉だったりします。

どれも真実でしょうし、確かにもったいないというのもわかります。しかし、**ウジウジ悩みながら過ごす時間は、もっともったいない**です。惰性で過ごすその期間もまた時間の無駄です。

たとえば、長年勤めてきた仕事をやめる、というのもその中に含まれているかもしれません。中には、心地いい関係ではないのに、惰性で付き合ってきた友人との決別、何年も続いている苦しい恋、はたまた、何年も一緒だった配偶者との別れかもしれませんし、別れることを考え続けてきた方は、逆にその「別れる」という考えをやめる、ということもあるかもしれません。

いろいろと長年やっていたけど、やめられなかったことをやめる勇気を持ちましょう。

もし、あなたの頭の中に、何度もよぎることがあるとしたら、それは潜在意識からのメッセージかもしれず、素直にそれに従ったときに、何か開けるかもしれません。

これを理解していれば、どんなことでも引き受けられそうですね。誰かのための人生ではなく、自分のための人生ですから。やりたいことにフォーカスしている人はとても多く、そして、それを意識して夢を叶えている人はたくさんいます。

仕事をやめる最も良いタイミングとは

職場の人間関係やハードワークに疲れて、もう仕事をやめたい、と思っている人がいるかもしれません。

今は女性の起業ブームでもあります。周りの人々が起業して、お茶会してセミナーして、きらびやかなパーティや豪華なランチやらディナーをしている……私もそんな生き方がしたい！　今の仕事をやめて何かしたいな、と考えられる方もいらっしゃるかもしれません。

フルタイムの仕事はいつやめたらいいのでしょうか？　やめるいいタイミングなどはあるのでしょうか？　二つのパターンで考えてみましょう。

まずは職場環境が悪くて、もう続けるのがつらい、という状況の場合は、どうしましょうか？　ここでおすすめするのは、人生という長いスパンで見たときに、我慢して我慢して、体を壊してまでそこにいる理由はなんだろうか？　と自問してみてください。

もしかして、耐えられる程度、笑える程度、ま、しょうがないかな、と思える程度、働くメリットがやめるメリットよりも大きい場合、見方を変えたりするだけで継続が可能かもしれませんが、**体調に現れるようになった場合、もう既にそれは体と心のSOSなのです。そのときこそ、決断のとき**です。

長年勤めていようが、「そんな待遇のいい仕事、やめるなんてもったいないよ」などという、親や周りの声に耳を貸す必要はありません。あなたの体以上に大切なものなどないのです。忍び寄る殺し屋ともいわれているのはストレスです。そこから免疫力が下がり、あらゆる病気を引き受けてしまうのですから。

もし、**貯金がゼロで次の月の生活費がない場合は、有給でも使って次の仕事を探しながらでも、やめる計画を立てたほうがいい**のです。もし、しばらくのんびりするお金の余裕があるなら、すぐにやめて心身共に休めることを優先してください。ひとたび力を得たら、就職活動をしましょう。

さて、仕事をやめるタイミングについても考えましょう。今の仕事にやりがいを見出せず、何か新しいことをしたい。今の仕事は収入的には問題ないのだけど、自分で何かを始めたい、と思うケースはどうしたらいいでしょうか？　人生は短いのでとっととやめて起業してしまったほうがいいでしょうか？

中には、二足のわらじだから失敗するんだ。さっさと今の仕事をやめて起業してしまえ！　などと過激なことをすすめる人もいます。もちろん、それで成功する人もいるかもしれませんが、多くは、中途半端なスキルで顧客を獲得しようとするものだから、提供するサービスや商品が何もなく、継続できず経済難に陥ってしまうことが多いです。起業の場合はもっと計画的にしたいものです。

まず、何で起業するか決まっていて、提供するサービスがある場合、週末起業をしてみて（または夜だけ）、どのくらい収入の見込みがあるかの様子をしばらく見てみましょう。それをやってみて、**今の勤めている収入を超えたあたりで、または、超えそうな見込みやデータが取れたときに初めて、勤め先を退職することはおすすめ**です。

収入をゼロにしてしまうと、生活苦に陥ってしまうケースが多いのです。これから先、もし顧客が来なかったら……という不安は、不安の現実を引き寄せてしまいます。

先ほども書きましたが、元夫は急にサラリーマンをやめる！　といい出したことがありました。私は、「これから何をやって生活費を稼ぐのか？」と聞いたところ、「ネットで何か（何かって何よ？　この時点で何をするか決まっていなかった……）ビジネスをやるから、何とかなると思う！」という思い込みのみの決断をしたのです。

本来ならこういう場合、私はリアリストなので反対します。現実的なビジネスプランが立てられていないからです。しかし、そのときは、直感がGOだったので、私はOKを出しました。なぜなら、夫のサラリーマンとしての収入がなくても、私がFX（為替のトレード）である程度の収入を上げていたのと、ブログのアフィリエイトで、生活できるだけのお金を何とか毎月得られていたからです。定収ではありませんでしたし、安定もしていませんでしたが、そのときは「何とかなる！」の根拠のない自信と、やってみたほうがいい、という直感の答えでした。結局、元夫がやろうとしていたことは、理想で終わってしまい、私の仕事を手伝うことになりました。これが大きく私の人生を変える結果となったのです。

もし、あなたが、今の定収入を手放して起業する場合、以下の点をチェックしてみてはいかがでしょう。

□一時の感情で揺り動かされるような感覚はないか？
□仕事をやめた後、しっかりとしたビジネスプランと収入のプランは立っているか？
□最低、半年間くらいは収入がまったくなくても、食べていける貯金はあるか？
□家族の理解は得ているか？

最初の、「感情で揺り動かされていないか？」はとても大切なチェック項目です。客観的に、広く物事を見ることができていない場合は、ビジネスを始めても行き詰まります。感情の高ぶりだけではビジネスは成功しませんから。

サラリーマンであることのメリットと脱サラすることのメリット。両方をしっかり考慮する必要があるのです。女性の起業ブームだからといって、すべての人にそれが向いているわけではありません。仕事に関しても、適材適所というものがあります。一人でやるほうがうまくいく人と、誰かの指示のもと働いたほうがパフォーマンスが上がる人がいるのです。

現実問題として、新規の会社の倒産率は、一年以内に六〇パーセント、五年以内に八〇パーセント、一〇年以内に九五パーセントが倒産する、というデータも出ています。また日本の法人の七割が赤字経営ともいわれているそうです。そういう意味では、現実的な見方をする必要があります。

起業が流行《はや》っているからといって、自分も起業したいと安易に仕事をやめて路頭に迷うことがありませんように。仕事をやめる、というのは、お金が関係しています。生活が関係しています。既婚者の場合は、家族の生活も関係しているのです。慎重に計画的に、そして心が喜ぶやり方で進んでいけますように。

断ることを恐れない

NOといえない日本人に必要な「断る力」。

私自身、昔は断れない性格でしたが、今となっては断ることが多くなりました。仕事のオファーも個人的な付き合いも、断然、受けるよりも断るほうが多いのです。

一般の方のコーチングのお申し込みもお断りしていますし、講演依頼、そして、出版社からの執筆依頼もほとんどお断りしています。親しい人のパーティや集まりやランチ会などなど、好きではないこと、実際にできないこと、無理があることに関しては、即、その場でお断りしています。「どう断ろうか……あとでしっかり断ればいいからとりあえず、受けておこう」などのように、あいまいな答えをすることなどありません。

まったく断れない頃の私といえば、行きたくもない飲み会に行き、会いたくない人にも会う、行きたくもないのに誘われたら行く。やりたくないのにお願いされたら何でも引き受ける……。要はいい人だったので、いや、いい人を装っていたので、すべて引き受けていました。家に戻ってきてから溜息か、もしくは「なんで私を誘うかなー？　もー！」と怒ったりもしていました。ＯＫ出したのは自分なのに。

さて、私の若い頃のような人は多いはず。「断れない」という根底にあるものってなんでしょうか？


嫌われたくない。

いい人に思われたい。

一人になりたくない。


こういったところです。

しかしもっと根底にあるものは、簡単にいえば自尊心がないのです。それゆえに他人に振り回される。私自身、四〇年もそうやって生きてきました。自分さえしっかりしていれば、断った相手が不快になろうが離れていこうが、本当は関係ないことなのです。それがわかったのは、嫌われることを恐れなくなってから。

「断れない」というのは、断ることでの、周りからの自分の評価を恐れているのです。

しかし、心配ご無用！　相手は案外何とも思っていないものです。

一旦、嫌われることを恐れなくなりますと、非常に楽でして、簡単に即答で「NO」がいえるようになります。左脳であれこれと考えず、すぐに「ごめん、無理！」と。

また、自分が不快に思っている感情をも相手に伝えられるようになります。もちろん、感情ごと相手にぶつけるようなことはしませんが、相手との関係性では、いわなければならないことに目をつぶる、ということもなくなるのです。

一旦、いやいや引き受けておいて、その後あれこれ考えてみてやっぱり嫌だ〜、と思いその予定が近づいてから断るよりも、相手にとっても即答されるほうがどれだけ楽かは容易に想像がつくことでしょう。

中には即答でも引き下がらない人もいるのは確かです。それでも、「いや、ごめん！無理」でいいのです。別に細かい理由もいらないし、それで別にその人が自分から離れていったとしても、自分を嫌いになったとしても、何の不利益もないどころか、合わない人が離れるというのは、自分にとってはメリットしかありません。

「でも人が離れていったら、寂しくなります」といわれるでしょうか？　そんなことで離れていくような、どうでもいい友達と付き合って、自分の寂しさをまぎらわせたいですか？　もしそうなら、もちろん引き受けてもいいでしょうが、好きでもない人との時間を過ごすくらいなら、本の一冊でも読んでいたほうが有益ではないでしょうか？

それでもその誘いに行ったほうがいいと思う場合は、「はあ〜、行きたくないけどしょうがないや〜」のいやいやではなくて、プラスに捉えて行けばいいですよね。ぐちぐちいわず、自分の決定だから笑顔で行こう！　と。

断りきれない人は、いつもの癖で、ＯＫを出しがちですが、いろんなパターンで断る練習を事前にしておくと、即答できるようになります。行きたくもない飲み会であれば、「ごめん！　金欠」とか「最近、健康のためにお酒を断っているの。みんなで楽しんできて」とか。断ることに慣れてきますと、本当に生きやすくなります。他人の顔色をうかがいながらの人生をやめて、もう断れる自分になりましょう。あなたはそれによって自由を得られるのですから。

物とお別れすることに慣れる

戦後、物がない時代に育った日本人は、本当に物を大切にすることを教えられてきました。若い人も祖父母、両親からそのように教えられてきたために、なかなか物を捨てられない人が多いのかもしれません。いつの時代も、「片付け本」は人気ですし、最近では物を持たない「ミニマム」生活をされる方も多くなっています。

ミニマムとは「最小限」とか「最低限度」という意味ですが、そんなシンプル生活に憧れはするものの、いざ物を捨てようと思うと、なかなか捨てられないでしょう。「思い出」と「いつか使うかもしれない」という気持ちがそれを邪魔するのです。しかし、その考えをいつまでも持っている限り、物を抱えた生活からまだまだ抜け出すことはできません。

捨てるのも一種の慣れです。一旦、捨てることに慣れてしまい、物のない生活になってしまうと、それに快感を覚えて、もっと減らせる物はないかな？　と思えるようにもなります。ですから、**まずは物とお別れすることに慣れましょう。**

以前、台所のカトラリーや箸、調理器具を片付けていたときです。最初、スプーンなども捨てられなかったのですが、一回、捨て始めたら、やめられなくなり、結局、一〇〇本以上は処分しました。メインで残ったのは、大小のスプーンとフォークとナイフ、五本ずつと、その他、バターナイフやコーヒー豆の計量スプーン、他一〇本ほどでした。箸も料理器具も、気に入ったものだけ残すと、引き出しの中がスッキリしたのです。ぜひ、こういう小さな範囲から始めてみてください。

実際、いざ捨てようとすると罪悪感に見舞われる人もいます。「物を大切に」という言葉がそれを阻むからです。

しかし、考えてみますと、**使いもしないそれらの溢れた物は、逆にかわいそう**だと私は思うのです。捨てる罪悪感があるなら、誰かにあげてもいいし、中古品を買い取ってくれるところに売ってもいいし、買い取ってもくれないような物であるならば、自分のためにも別れたほうがいいのです。

捨てるときの別れの儀式は、「今まで役立ってくれてありがとう」と、物に声をかけること。それらはゴミ焼却場に行って、煙となったとしても、我々と同じく、ただの素粒子に戻るだけです。そんなに罪悪感を抱かなくても大丈夫です。

ただ、長年家に置いていたお人形などの場合は、然るべき捨て方というのがありますので、神社に持って行き、ちゃんとお別れしたほうが良さそうです。また、誰かにもらった心のこもった手作りの品なども、確実に使わないと思ったらありがとうの気持ちを込めて手放しましょう。

心がこもりすぎている物の場合の処分の仕方を占いの先生に教えてもらったのですが、ひとつまみのお塩を袋に入れて、その袋に物品を入れて捨てるのがいいそうです。


今あるものを減らす最大の意味は、今後、無駄なものを買わない、妥協でいらぬものを買わない、本当に気に入ったものだけを迎えて、長く大切に使うことを意味します。

片付けが終わった後のすっきり感が自分にとって心地よく思えると、簡単に物を買うことがなくなるのです。物を捨てるとき、そして、今あるいらないものを手放すとき、新たな物を迎えるのに慎重になり、目指すシンプル生活を手に入れることができます。

実家のお片付けの作法

帰ることができる実家があるというのは、幸せなものです。しかし、実家はなんだか物が溢れていて落ち着かない、という方もいらっしゃるのではないでしょうか？　四〇代、五〇代の方の親の世代は、戦後の物がなかった時代に生きていまして、どうしても物が捨てられません。使わないのに、捨てられない。部屋が、または開かずの間は物で溢れかえっていて、どうも帰ると落ち着かない、なんてこともあるようです。

さらにいえば、親の世代は年を取ってきますから、片付けたくても体がなかなか言うことを聞かず、押入れ、倉庫などを放置している人々もいます。実際、私の実家も田舎でして、両親とも八〇歳。この年になってから、今まで手をつけなかった物を整理整頓するにはかなりの労力がいるので、周りの協力と決意が必要となっています。

母親はあまり物に執着もなければ、愛着もないので、捨てることに前向きではあるのですが、父が典型的な捨てられない派。それでも定期的に片付けに行かないと、大変なことになりますので、母と共に少しずつ整理しています。

私が食器類を整理整頓していたときに、「欠けている物は運気が下がるから」といって父の了承を得て、父が使っている茶碗を捨てたことがありました。もちろん、新しい茶碗をプレゼントした後です。

ところが次に実家に帰ったときに、その欠けた茶碗がもとの位置に戻っているではありませんか！　確かにゴミ箱に捨てたのに！　母に聞いたら私が帰った後、「やっぱりもったいない」といってゴミ箱から拾っていた、といっていました。

服も、だいぶ汚れたり、毛玉になっていたりするのに、捨てないのです。捨てても拾ってきてまた着用している始末。

実家を片付けるというのは、精神的にも疲れることではあるのですが、整理される側も疲れるようです。つまり、親の気持ちも理解してあげなければなりません。「こんな物、いらないでしょ?」とゴミ扱いしてしまう物が、親にとっては大切な物であることもありますので、傷つけないような対応もしたいものです。年を取ってきて、子供に怒られるのはつらいものですから。

もし、娘であるあなたが実家を片付けたいと思っている場合、次のようなステップを踏むことをおすすめいたします。

まずは、親は片付けたい、という意思があるのかどうか？　そして次のステップは、もし片付けたいと思っている場合、親はあなたに何を望んでいて、実際にあなたは何を手助けしてあげられるかを考えます。次に両親、そして、あなたの手だけでは足りない場合は、プロに頼んだり、もしくは誰かに手伝いを頼む必要が出てくるかもしれません。

もし、親が片付けを望まない、何も捨てなくない、というのであれば、せめて清潔に過ごせるように、掃除をしたり、本当に捨ててもいいゴミなどを捨ててあげましょう。綺麗に過ごすことが心地いい、ということを体感してもらえれば、少しずつ片付けができるようになるかもしれません。

また、親が捨てたくないと思っているのに、勝手にそれをただ古いからとか汚いから、という理由で捨てることがありませんように。親にとっては何か思い入れのある品の可能性もあるのですから。**親と親が大切に持っている物に敬意を払いたいものです。**「でも、それがあるから片付かないんです！」といわれるかもしれませんが、その場合は、あきらめましょう。順番でいけば、必ず親は先にあちらに逝きます。それまでの間くらい、親のいいようにしてあげてもいいではないですか。親があの世に逝ってから、親が大切にしていた物品もまた天に戻してあげればいいでしょう。

実家の片付けは、自分の家の片付けよりも大イベントになるかもしれません。少しずつやろう、などと思ってもまったく追いつかない可能性大です。

ですから、もし親が片付けに積極的で、一緒にやろうという気持ちがあるならば、みんなで力を合わせて、集中的に一気に取りかかり、終わらせることがコツです。

ただ、どうしても捨てるのが苦手で、片付けたくない、と思っている親であるならば、少しずつ、少しずつ、一歩一歩なのです。しかも、自分の思い通りの整理整頓ができるなどという理想は捨てましょう。そこは完璧さを親に押し付けないこと。

誰だって、片付いた家の中のほうが、気持ちが良いものです。汚さや物の多さというのに、慣れてしまっているケースがあります。綺麗になった生活が、心地がいい、ということは親もよくわかるはずです。今度はそれをキープする手段を考えましょう。
自分が定期的に訪問できるなら、行ってあげる。面倒かもしれませんが、親孝行、そして親への感謝だと思い、掃除をしに行きましょう。協力できる兄弟や親戚がいたら、話し合って計画したり、お掃除サービスなどの業者を頼むことも手です。しかし、中には他人に入られたくない、と思う親もいますから、その気持ちも尊重いたしましょう。

そして、最後に、親がもう既に亡くなってしまい、その遺品整理をどうしたらいいかと思いつつ、放置してしまっているケースについてです。親が生前、まったく自分の持ち物を整理していなかった場合は、その仕事は子供たちに来ます。そのとき、形見分けできるようなものであれば親族で分けたりできますが、誰もそれを使えず親が大切にしていたものなどの処分は心が痛みます。しかしながら、それは使わない物ならば、いつまでも使わないで置いていたほうが物にとってはかわいそうです。物であっても、使われてこそ役目を果たしているのですから、ここはありがとうの感謝の気持ちを込めて捨てましょう。

そして、親が亡くなった後、家中があまりにも物で溢れかえっている場合は、遺品整理業者にお願いすれば、片付けと物の引き取りをしてくれます。そういったプロの業者に頼んだほうが、心痛が少ないかもしれません。親との思い出となる、形見となる品や写真はあなたが取り分けておいて、使わないものは処分するほうが残された物にとっても、幸せです。

何かを失った後は、ギフトが舞い込む

「スペースが空いたところには何かが必ず入ってくる」。これを知っているのと知らないのとでは、人生が天と地ほども違います。何かを失ったら何かが入ってくる法則がある、ということです。

しかし、注意点があります。それは失ったとき、あなたが何に意識を向けているかによって、そのスペースに埋められるものが、いいものかそうでないか違ってくるのです。

「何かを失う」というのは一見、マイナスのイメージがあり、人々は手放したがりません。失いたくないのです。たとえば、

・恋人を失う
・配偶者を失う
・若さを失う
・立場を失う
・健康を失う

・家を失う
・お金を失う
・仕事を失う
・友を失う

失ったときは、悲しかったりつらかったり苦しい思いをしているかもしれません。その感情をしっかり味わうことも人生においては大事な経験といえます。

しかし、**失うことは、新たな何かが入ってくるということ。**つまり、また新しい経験ができるという喜ばしい前触れでもあります。スペースが空けば、そのスペースは埋められる、というのが法則です。

中には、失っても入ってこない場合もあります。まず、入ってこない場合についてお伝えしましょう。たとえば、恋人と別れたとします。スペースが空きましたので、次の恋人ができてもいいはずなのに、なかなかできない場合、その人の視点は、まだその恋人にあるか、またはその恋人への愛情、憎しみ、怒りなど、自分の隣にいない彼への気持ちでいっぱいになっていることがあります。それは、本当の意味でスペースは空いていません。空いたスペースにはまだその彼がいる、ということだからです。要は、意識がどこに向いているか？　なのです。

では、逆に、失ったらすぐに入ってくる人の特徴とは何でしょうか？　次なる恋人ができやすい人というのは、早く立ち直り、もう、以前の彼に決着をつけて、前を向いた人です。自分の意識と思いは、「今、この瞬間」または「未来にある」人です。

仕事を失ったとしても同じです。もう、前を向くのです。いい意味付けをし、自分をうまく納得させて、前に進もうとしたときに、スペースはまた埋まっていくのです。

仕事を失っても、「もっと自分にふさわしい仕事があるに違いない」「ご縁がなかったのだ」「この職場ではだいぶ成長させてもらった」などと、前向きに意味付けをし、視点を今と前に向けたときに、ふさわしい仕事も入ってきます。簡単にいうと、失ったものに執着せず、流れに身を任せてしまうことでもあります。

もし、今あなたが失ったものに意識が向いているなら、一刻も早く昇華させてください。

いい意味付けをして、前を向いてみてください。そうするとあなたの望むものがそのスペースを埋めてくれることでしょう。

私も昨年から、いろいろなものを手放し、失い、しかし、ときわずかにしてすぐに何かが入ってきました。そして、それらは失ったもの、手放したものよりも遥かに自分にとって過分なものです。

コツがわかると、失うものに長く意識を向けないようにできます。随分と周りからの助けもいただきました。それもまた自分にとっては大きなギフトでした。

失うというのは、ネガティブなイメージかもしれませんが、経験値が上がることなのです。出会いと別れはセットです。

失うことも、別れることもネガティブなことではありません。いいことだけが経験ではなくて、自分にとってはうれしくないこともこれまた、時間が経てばいい経験となります。そんな風に思えたときに、生きているって素晴らしい。生きているって楽しい！　すごい！　ラッキー！　と思えてくることでしょう。

破壊と創造はセット。人生の転機を楽しもう

人生の転機は突然訪れたりします。自分で決意して選ぶこともあるでしょう。私も、二〇歳、二九歳、三五歳、四一歳、そして四九歳が転機でした。特に三〇歳のときは、離婚して一人で生きていく決意と、これからの人生をどのように生きていくか、一番真剣に考えた時期でもありました。

結婚、出産、離婚、出会い、別れ、退職、転職、死別。私たちの人生には、本当に転機がたくさん訪れます。その転機の中でも、苦しさが伴うような転機や決定は、まるで自分の何かが壊されたかのように感じるかもしれません。中には前向きになれず、これからどうやって生きていこうか……と、広い海のど真ん中で小さなボートに一人っきりで乗って、行き場所もなくどっちにオールを漕いだらいいのかわからない……そんな状態のような不安に苛まれる人もいることでしょう。

できれば、その転機のときに、「新しい自分になりたい。新しい環境を活力的にスター

トさせたい！」という前向きな気持ちがあると、これからの人生を違ったやり方で歩めることでしょう。そして、過去に踏ん切りをつけて、スッキリさっぱりすべてを割り切れたとき、その内なる強さは、女性は男性よりも強いと思います。

転機を迎えたときに、ちょっと前向きに気持ちを向ける方法は、「今までと違ったことを思い切ってしてみる！」ということ。つまり、したこともないようなことを、初めての○○を、思い切ってチャレンジしてみるのです。

・初めての一人旅をしてみる。
・初めての、登山に挑戦。
・初めて、ショートヘアにしてみる。
・初めての、合コンにチャレンジ。

初めての○○に前向きにチャレンジしていますと、ネガティブに迎えた転機とは違って、思わぬギフトを天からいただけるものなのです。結局はすべてあなたが意識を向けるところと同じものが引き寄せられてくるものですから。

ネガティブに見えるかのような転機は、人生の中で定期的に起きる「破壊」のようなものです。物だって使っていれば壊れます。壊れたら、新しい物が手に入ることになります。

それと同じように、破壊はいろんなことに当てはまります。人間関係、家の中の物質的なもの、自分の凝り固まっていた思考、大切にしていた価値観・感情などなど、いろんな破壊があります。そして、破壊と「創造」はセットですから、今後を楽しみに待つのはいいでしょう。

転機は、今までの自分が破壊されることでもあります。そのときこそ、離れる、あきらめる、手放すこと。**執着せず、流れに身を任せたときに次のステージに上がり、そこから新しい何かが創造される**のです。

たとえでいえば、この人と一生歩んでいこうと信じていた人に裏切られた、捨てられた。ショックで立ち直れない、という人間関係、そして自分の感情の破壊。そんなときは、心がグチャグチャになるかもしれません。

ある人は、こういう経験をしたときに、こう考えます。「何で私がこういう目に遭わなきゃならないのよ」「信じていたのに……憎い！　相手が不幸せになればいい」などのように、負のエネルギーを延々と戻らない過去に費やしてしまう。
別の人はこう考えます。傷ついた気持ちに正直になりながらも、「つらいけど、失ったものを取り戻すことはできないし、第一、裏切るような人と一生一緒にいることはできない」「あの人とはご縁がなかった。結婚する前に逆に知れてよかった」と、人生の中での破壊行為を甘んじて受け入れ、過去にエネルギーを費やしません。
このたとえでいえば、早く人生が好転する人は後者です。過去に意識を向けるとエネルギー値は低くなる、というのが法則です。

人生の中でのものすごくショックな出来事があったときも同じです。自分の価値観とは真逆な人と出会い、自分が大切にしていた価値観が破壊されたかのように影響を受け、自分の思考が一気に壊れる感覚になるでしょう。しかし、電気が走るような刺激的な感覚の後に来るものは、新しい思考と、その結果として新しい創造が始まるのです。

人生にはバイオリズムのように、上がるときもあれば下がるときもあり、ちゃんとサイクルがあるのです。そのサイクルは不変のもので、なんらかの破壊の後は創造があります。

そう考えてみますと、破壊のような人生の転機には、次のステージに上がる、乗り越えなければならない大切な役目があるのです。あまりのショックに、他の人の責任にしたいという気持ちが出てくるかもしれませんが、それをやっていると、その破壊の期間やスペースに長くいることになります。

つらくてしんどい状態から早く抜け出すには、力を抜いて、そのしんどさは自分の人生の中では何か大きな学びがある必要なことだったんだ、といいほうに着目することです。

簡単にいえば、落ちるところまで落ちたら後は、パワーアップして上がるしかない、ということにもなります。できれば、下がるも落ちるも破壊も経験したくないことではありますが、人生のサイクルゆえ、もしそうなったときは、次のステージに上がるときだ！と今までより少しだけ楽観的に捉えて、乗り越えられるといいですね。

COLUMN 3

物との別れは、新しい自分に出会うきっかけ

今回の離婚を決意したとき、家から人間が一人いなくなるわけだから、寝室として使っていた一部屋を潰して、普段私が一番長く時間を過ごしているリビングを広くして、心地よい場所造りのためリフォームをすることにしました。

その頃から、リフォームに向けてリビングキッチンにある物を、少しずつ整理し始めたとき、唖然としました。なんと物が多いことか！　と。

今の住まいに引っ越してから、早五年半。引っ越したのは、震災の翌々月です。震災で日用品の多くを失っても生活に困らなかったことや、あまり物を置いていなかった部屋が震災の影響をほとんど受けなかったことなどから、物を少なくする生活をすることを決意し、引っ越しのときに食器類などは三分の一まで減らし、持ち物を全体的に今までの半分くらいに減らして今の場所に引っ越してきたはずでした。

しかし、たったの五年で、前と同じくらい物を所有していることに気付きました。食器

は増えていませんでしたが、書籍やその他雑貨、いただいたプレゼントは趣味に合わないものでも捨てられないままだったので、収納スペースを陣取っていることがわかったのです。

さらに驚いたことは、リビングキッチンを空っぽにして、隣の寝室との間の壁を壊し、一つの真四角になった部屋を見たときです。工事中のその部屋を見たときの最初の感想は、「こんなに狭いところになんという量の物を詰め込んでいたのだろう?」ということ。二回目の唖然! でした。普通、物が一つもない状態の部屋を見たとき、「わ〜、ここは、結構広かったんだねー」なんて感想を持ちそうなものですが、私は真逆でした。こんなに狭い部屋に、ほとんど手にすることのない使わない物が、約七〜八割あったなんて! と思ったのです。

リフォームの工事中、私は仮住まいとして一軒家を借りて、一人で住んでいました。そこでの生活は、物を持たないサバイバル生活。たとえば食器類で持っていったのは、箸、スプーン、お茶碗と汁椀、一つずつ。お皿は持っていくのを忘れたので、スーパーのお弁当の空箱を洗って使っていました。ほとんど物がない状態で、一カ月半を過ごしましたが、何不自由なく過ごせたのです。むしろ心地よかった、と言っても過言ではありません。洗濯機もないのでシャツや下着類は手洗い。何もなくても案外普通に生活ができてしまうのです。

さらにいえば、住宅地というのが苦手な私は、近所の人に会いたくないがために引きこもっていました。ゴミ出しのためにすら家を出たくなかったので、いかにゴミを出さないかの工夫もしていたほど。やればできるものです。今まで三日に一回出していた可燃ごみは半月に一回、たった一袋。プラスチックに関しては、何と一袋溜まるのに二〇日間もかかりました。コツは、洗ってハサミで細かく切って捨てることです。

五年半住んでいた家は、夫婦で越してきた思い出の場所でもあります。しかし、リフォームをきっかけに始めた、物を手放すという作業は、いろんな思い出に感傷的にならない方法であることがわかりました。

物も人間と同じように特有の周波数をそれぞれ発しています。そして、そこにいる人はその周波数と共鳴します。人と別れたとき、または気持ちの切り替えをするときに、こうした共鳴していた物質を整理することは、今までの記憶を相殺することにもつながるようです。髪の毛を切るのも同じです。付け加えていえば、もっと心機一転したいときには、引っ越しはおすすめです。

今回のリフォームは本当に学びの多い体験となりました。特に、仮住まいの経験により、さらに物をもっともっとなくそうという決意もしました。ちなみに、グラスは超お気に入りのものだけを持ち、普段使いにしています。それがリッチな気分にさせてくれたりもします。

所有している物を見直してみましょう。引っ越ししたり、リフォームしたりそんな大きなことをしなくても、今の持ち物を三分の一、または大胆に半分にしてみる、なんていう計画を立ててみてはいかがでしょう。物との別れは寂しいことではなく、新たな自分に出会ういい方法ですから。

CHAPTER 4

第 4 章

最期のとき、何ができるか

［親、友人、ペットとの死別］

親との別れ

子供の頃から、私は親との死別に恐怖心がありました。いつか必ず自分のもとからいなくなる親。順番でいけば、見送ることになるのは当然私。そして、その順番を望んではいるものの、想像するだけで身震いがし、特に母親との別れを思うと胸が貫かれる痛みが走るくらい、親の死が恐くて仕方なかったのです。

今から一〇年以上も前のことですが、独身のときに同居していた父方の祖母が倒れました。授かった六人の子供たちのうち三人が娘で、祖母が倒れたときに、私は祖母の娘である叔母にすぐに電話しました。そのとき、つい感情的になり、「ばあちゃんが倒れた。死んだらどうしよう……」とオロオロ。そんなときに娘である叔母はこういったのです。「もう八九歳だし、母さんもそろそろ天国に逝くほうが幸せだよ。あまり長生きするのもそんなに幸せではないんだよ」と教え諭されるような感じでいわれました。叔母の言葉を聞いて、自分と向き合い死について考えたのを鮮明に覚えています。

そのとき、私は三〇代。四〇代後半にもなれば、親の死についてそんなに冷静に考えられるようになるのだろうか？　自分の母親が倒れたらどうだろう？　と何度も想像するのですが、三〇代の私は親の死に関しては、拒否反応しか出ませんでした。

その後、今度は母方の祖母が倒れました。私はそのときもオロオロして、私の母に、「ばあちゃんまだ死なないよね？　もっと長生きしてほしい」などといいましたが、そのとき六〇代だった私の母は、「ばあちゃんはもう九四歳だよ？　これ以上長生きしたら周りが大変」と叔母と似たようなことをいいました。

私は、年齢を重ねれば、死は自然のものであり、だんだんと受け入れられるようになるものなのだ、とわかるようになりました。私が六〇代になれば、そのような思いで親を送れるのかもしれません。五〇代にさしかかる今、三〇代のときよりは、死は自然のものであると感じるようになっています。

しかし、一ついえることは、**どんなに頑張っても、必ず死別というのはある**わけです。それがいつ来るかはわからないにしても、いつか必ず親は亡くなります。そのときが訪れたときに、これまで育ててくれた親への感謝の気持ちに溢れる人もいれば、後悔と罪悪感に襲われる人もいることでしょう。

もうすでに親を見送っている方は、「親不孝をしたな」とか「優しく接することができなかった」「なぜもっと時間を割いて会いに行かなかったのだろう」と、いろんな気持ちが湧いてくることでしょう。

しかし、自分で何を思おうが、誰に何をいわれようが、後悔や罪悪感があろうが、**あなたは親孝行をした、といえます。**「何もしなかったから後悔がある」といわれるかもしれませんが、親孝行の一つは、**親よりも先に死ななかったこと**だからです。

私は、最初の離婚をした後、人生に疲れてしまい、もうこの世を去りたい、と思ったことがありました。もともと私は究極の面倒臭がり屋でして、生きるのが面倒になった、というのもありましたが、本気で死ねなかったのは、死が怖かったからではなくて、母親を悲しませたくない、というたったそれだけでした。その最大の親不孝だけはしてはならない、と自分を正し続けました。

「親孝行したいときには親はなし」とはよくいいますが、そんなことはありません。もし、天国に既に親が逝っていたとしたら、親はあなたの生き方をいつも見守っています。親の最大の喜びは何でしょうか？　それはあなたが幸せであることです。

あなたが泣いているときには、同じように心を痛めて泣いています。あなたが喜んでいるときには、同じように喜んでいます。いつもあなたの人生を応援しています。どんな親だったとしても、天国に逝った親は、地上にいたときの役目（悪役をやったかもしれないし、憎まれ役をやったかもしれないけど）をすべて終え、天国ではあなたを応援して見守っている立場なのです。

もう亡くなっていたとしても、親を喜ばせることはできるのです。あなたが人生を喜びのうちに生きて、幸せになること、これが最大の親孝行であり、それは親が生きていようが、もう既に天国に逝っていようが、あなたが今できる最大の親孝行なのです。

もし、すでに親を亡くされてまだ悲しみに暮れている人がいたら、大いに悲しんでください。涙が涸れるまで泣き、そして、時間がそのつらさを解消してくれるのを待ちましょう。
そして、お葬式や初七日、四十九日の法要、一回忌などなど、区切りになる仏教的な行事がたくさんありますが、それらをしっかり行って、自分の心の整理をつけましょう。亡くなった後、というのは、それを受け入れられず、拒否反応を示す人もいます。しかし、そうした回を重ねる仏教的な行事により、少しずつ少しずつ受け入れられるようになるのです。

人生のお務めをすべて終えて、あちらの世界に行った親たちへの最大の供養は、ときどき親を思い出して「私は、私の人生をしっかり生きたよ！」といえるように、今をしっかり生きることです。

私の両親はまだ健在ではありますが、いつ来るかわからないその日を迎えるとき、「今生でのお務め、お疲れ様でした。そして私とかかわっていただき本当にありがとうございました」と心から笑顔でいえるように（ま、泣きますけどね）したいと常々思っています。遠い何十年も先のことではないのと、そして、いつその日が来るかわからないので、親のことは常に心の片隅に置いて生活しています。

まだご両親がご健在の方も、お別れのときに後悔や罪悪感に苛まれないように、あなたが幸せな人生を生きましょう。そしてあなたよりも確実に残りの人生が少ない親に、最大限の親孝行をするときっと心穏やかに見送ることができるでしょう。

私の場合の親孝行は、私が仕事で忙しくしていること、そして幸せにしていることです。それを、母はとても喜びます。今回の私の離婚で、きっと親には痛みを与えてしまうかもしれませんが、それが私と元夫の双方にとって最善の決定であることを知ってもらうのに時間はかかりません。そういう関係でもあるのが、親子なのです。

ご両親が亡くなってまだつらい思いを抱えている方。天国のお父様やお母様は今のあなたに何といっていると思いますか？　その言葉をキャッチしただけで、少しでも心が軽くなっていくことでしょう。

愛する人を突然亡くしたとき

二〇一一年三月一一日は、全世界の人、特に東北を含む震災の影響を受けたすべての人にとって忘れがたい日となりました。仙台に住む私は、地震の恐怖というよりも、その日から入ってくる身近な人々の死を知らされる、恐怖の毎日の始まりでもありました。

私の実家がある町は被災地でしたから、たくさんの知り合いが亡くなりました。そして、最初はその死を悲しみ悼んでいましたが、そのうち感覚が変わっていくのがわかりました。ご遺体が見つかることで、「良かったね」という風に変わっていくその感覚も、自分では違和感があり、悲しさと安堵で複雑な気持ちになりました。

被災地にいなかった人々でも、津波の恐怖映像を何度も見、数字でカウントされる死者の数の多さと、それを嘆く家族の姿を、メディアを通して何度も何度も見て、同じような恐怖を味わったことでしょう。実際には生活に災害の影響はまったくなかった人々でさえ、何も手につかなくなった人、体調の異変などが起きた人も多かったと耳にします。

今でも鮮明に覚えていることがあります。地震翌日のライフラインがすべて止まった夜、外に出ると、「あれ？　電気が戻ったのかな？」と思うほど外が明るかったのです。それは、月の明かりでした。周りには電気も何もついていないので、余計に星が輝いていて、天に召された人々の魂が光っているのではないか、と錯覚を起こすくらいの美しい夜空でした。

このような災害は珍しいわけではありません。いつの時代も世界中で起きていますが、今回東北でそれが起きたとき、今まで他の国で起きていた災害を他人事《ひとごと》として見ていた自分にも気付かされました。

その後に起きた熊本での災害でも同じ苦しみに直面している人が多数いらっしゃいました。さらにいえば、愛する人が突然亡くなるという悲しいケースは、災害のみならず、突然の事故、長い闘病生活の後に天に召される、また自死を選んでしまう……などがあり、そのような方をご家族に持つ方もいらっしゃるかもしれません。

突然、愛する人の命が奪い去られたとき、人間の心に残るのは、「信じられない、嘘だ！」という感覚と「ああしてやればよかった、こうしてやればよかった」という後悔の念です。

そして「死んだのは私のせいだ」と自分を責める人々もいます。

私の友人で、事故で亡くなった方が三名、そして自死をした人は二名います。どちらも突然のことで信じられないのと、呆然とする家族をどう支えていったらいいのか？　そしてどんな言葉をかけたらいいのか、私もまだ若い頃でまったくわからず何もできませんでした。

誰かが亡くなると、その後に連続して虚無感が訪れます。友人が自殺をしたときは、私はその友人に、前日に会ったばかりだったので、彼女の異変に気付きながら何もできなかった自分を責めました。彼女の親も娘の異変に気付いていながら、一人きりにしてしまったことを責め、みんなが自分を責めました。

ですが、今だからいえるのは、友人の自殺も誰のせいでもなく、やっぱり「しょうがなかった」ということなのです。時間を巻き戻すことはできませんし、そしてそれがその人々の寿命だった、と受け入れるしかないのです。

病死であっても、事故死であっても、はたまた自死であったとしても、私はそれが天命だと思っています。自殺をした人にとって天命という言葉は相応《ふさわ》しくないのかもしれません。しかし、本人がそれを選んだという意味では、結果としては周りの人がどうにかできることではなかったのです。

もちろん、自死して残された家族や友人たちには、苦しみと後悔、そして、どこに向けたらいいかわからないこみ上げる怒りなども出てきますが、死を選んだ人たちもまた、心の病だったのです。病がそうさせてしまったので、それもまた天命だったのです。

彼らは今は、生きるつらさと、心の病のつらさから解放されて、次の人生を、きっとあちらの世界で計画しているはずです。次はリセットボタンを自ら押さない人生を歩もう！と。

愛する人々の死は、ストレスの中でも最大級です。乗り越えられないと、自らも心の病を背負ってしまい、つらい人生を送ってしまいます。しかし、残された私たちは、それでも生きていかねばなりません。残された私たちは、つらくても、淡々と「死ぬまで生きる」のです。いつかお迎えが来る日まで。

今この平和な瞬間にも、地球の裏側では常に同じことが起こっています。飢餓で死ぬ人もいれば、テロで命を落とす人、災害で命を落とす人。毎日毎日この悲しみに向き合っている人が必ずいます。

東日本大震災の年の夏に、仙台の街の中では、坂本九さんの「上を向いて歩こう」が流れていました。人が亡くなって悲しさで胸が貫かれるような気分のとき、これを聞いて涙を思いっきり流し、それでも上を向いて歩こう！　という気持ちにさせられます。

上を向いて歩こう
涙がこぼれないように

思い出す春の日
一人ぽっちの夜

上を向いて歩こう
にじんだ星をかぞえて
思い出す夏の日
一人ぽっちの夜

幸せは雲の上に
幸せは空の上に
上を向いて歩こう
涙がこぼれないように
泣きながら歩く
一人ぽっちの夜

思い出す秋の日
一人ぽっちの夜
悲しみは星のかげに
悲しみは月のかげに
上を向いて歩こう
涙がこぼれないように
泣きながら歩く
一人ぽっちの夜
一人ぽっちの夜

生と死とは背中合わせ……だからこそ！

以前、本当にギリギリのところで、車にひかれそうになったことがありました。そこで命が終わっていても別に不思議なことでもなく、そして、当然そういう可能性と誰でもいつも背中合わせでもあるわけで、私たちの命には、保証というものがありません。早い遅い、長い短いはあれども、人間の致死率は一〇〇パーセントですから。

私は自分の死を思い巡らすことがよくあります。自分が亡くなるとき、どんな気持ちでこの世を後にしたいか、そして、先に逝った友人知人、憧れの人、ペットたちに、あなたたちが逝った後、自分がどんな生き方をしたかの報告を考えることがよくあります。

私にとって自らの死は、恐怖でも、嫌なものでもなく、とても身近なものです。もちろん死に方に関してはちょっとだけ怖いという気持ちがありますが、年を重ねるごとに、どんどん死が自然のもので身近なものになっていきました。そして、いつ死んでもいいような生き方をしていますから、あちらの世界に逝くのが楽しみにもなってきました。

そう思えるのは、死ぬよりも生きるほうが大変であるという経験ゆえのことでもあるのでしょう。

聖書の言葉で、「死ぬ日は生まれる日に勝る」という言葉があります。もちろん、人が誕生したときは歓び、祝いのときとなりますが、死ぬ日もまた、次のような別の見方をすれば喜ばしい意味合いがあります。もちろん、残されたほうは心がえぐられるほど悲しいものですが。

これからの文章は、身近な誰かを亡くされて苦しんでいる人への内容ではございませんので、「今生きている」という視点でお読みいただけますと幸いです。

「なぜ死ぬ日は生まれる日に勝るのか？」それは、死ぬ日には、その人の残した功績や、やり遂げたことが皆に示され、評価されるからでもあります。そして、死は「おめでとうございます！　あなたは今生での務めや課題が全部終わったので、もといた場所に還ってもいいんですよ」と神様からいわれているようなもの。ある意味それは、「喜びの帰還」になるわけです。だから「寿命」「天寿」という字はめでたい「寿」の「命」または「天」

と書くのでしょう。

当然、命の長さに優劣はまったくなくて、一カ月だろうが、一〇〇歳だろうが、それは貴重な体験をしにあちらの世界からこちらにやってきて、その期間、それぞれが精一杯生きたのです。ですから、自分より先に天国に逝った人たちのために、悲しんでも悲しみ過ぎることがあってはならないとも思うのです。

私は、この世で生きるのが楽しくなった頃、「絶対長生きする〜！」と思っていたのですが、なんだか、今はそうは思わなくて、できれば神様に、「やること全部やったから戻ってきていいよ」といわれたいな、とも思うのです。

死に対して、恐怖心を抱いている人もいますが、死は負けでもなければ、恐ろしいものでもなくて、「よくできました！」の花丸マークをもらえる褒められるべきときでもあると思います。

もちろん愛する人が、自分を残して逝ってしまった場合は、すごく悲しいことではあるのですが、生身の人間でいるよりも、もっと相手（愛する人）と近しい関係に、一つにもなれるそんな不思議な感覚になるものです。

私は、自分の人格に大きな影響を与えてくれた大好きな祖母が天国に逝ったときにそう感じました。生きているときはあまり会えなかったのですが、亡くなってからのほうが非常に近く感じる、という不思議な体験をしました。生きているときは、思い出すのは一年に数回程度のものが、亡くなってからは、ほぼ毎日思い出しています。亡くなって八年経ちますが、毎日空に向かって手を合わせているので、以前よりも身近に感じています。

さて、あちらの世界に逝くときに、自分の今までの歩みをどう思いたいでしょうか。後悔のない歩みだったか？　与えられた時間を精一杯用いていたか？　言い訳ばかりして行動していなかったか？

私は、目を閉じる最期は「ごめんね」でもなく、「悪かったね」でもなく、「みんな、本当にありがとう！　皆さんのおかげで本当に楽しい人生でした。お先に！」と、残された愛する人たちにいって、笑って逝く、と決めています。

最期の死に目のときに、誰が目の前にいるかわかりませんし、もしかしたら、たった一人かもしれませんし、それでも私は別に寂しくもなく、たぶん故郷に帰れるようなうれしさと安堵感に満たされていると思います。

このように「生」を考える、つまりどうやって生きるか？　を考えるには、対極にある「死」を意識するとよいでしょう。そうすればもっともっと生き方を充実させることができます。

あなたは、後悔のない人生を送っていますか？　または、後悔のない人生を送るには何をしたらいいと考えますか？　この地球上に住んでいる私たち人間は、誰もが必ず毎日死に向かって生きています。若いときはそんなことを考えることなどないかもしれませんが、身近な人の死や、災害などで亡くなった方々がいると、生き方を見つめ直すことがあるかもしれません。年齢を重ねれば重ねるほどそうなっていくことでしょう。

まだここに生かされている私たちは、自分の人生の役目が終わっていない、ということでもあります。自分がまだまだあちらの世界に逝ける気がしないのは、自分の分（役目や学び）を全然成し遂げていないからでしょう。

昔、私はもうこの地上での歩みを終わらせたい、と切に願ったことがありましたが、冷静に考えたら、今死ななくても、どうせいつかは必ず死ぬわけです。自ら命を断たなくても、終わるときには終わる。

ならば、生きているうちに好きなように生きたもん勝ちだな、と。やりたくて我慢していることがあれば、我慢せずやってみる。やれないなんて決めつけないで、可能性が一パーセントでもあれば、今からやってみましょう。年齢も、時間も、お金も、実は関係ないのです。自分がやる！　と決めるかどうかだけ。

どうせいつか死ぬなら、もう誰かの目を気にして、誰かにコントロールされているかの

ような人生を送るなんて本当にもったいない。しかも、相手がコントロールしているのではなく、実は、自分が勝手にコントロールされていると思い込んでいるだけ。

自分の人生を生きるために、断る勇気を持ちましょう。
やりたいことをやることにしましょう。
やりたくないことを、無理にやるのもやめましょう。
人に無理に合わせないこと。
自分の人生を生きる！　と決意しましょう。
人と違っていることを恐れるのもやめましょう。
決定を他の人に任せるのもやめましょう。

なぜなら、自分の人生だからです。今の自分の人生はたった一度限り。誰に遠慮することなく、やりたいことをやればいいのです。明日死ぬかもしれないのだから。誰も自分の死ぬときなどわからないのだから。

ペットとの別れ〜ペットロスにならない方法〜

二〇一五年一二月一〇日、一六年間共に暮らしていた、私の最愛の友、ミニチュア・ダックスのモモが永眠しました。一六年前に彼女を迎えたとき、私はこの世を去りたくて、生きる希望もなくて、人生に疲弊していました。彼女を迎えてから、真の笑顔が戻り、モモを連れてあちこちに出かけるのが好きになりました。彼女のおかげで生きていく力を得たかのようでした。

モモが亡くなる前の数カ月は、私は熟睡というのができませんでした。モモが寝ているときも、息をしているかどうかを確認して、朝起きたらまずはモモの生存確認、モモは心臓発作でバタッ！　と倒れることがあるので、家の中を徘徊するときなどはモモについていく、そんな生活に疲れも出てきました。

さらに、もういつ逝ってもおかしくない、と思ったときには、海外出張や、さらに数日間続けての出張などがありましたので、モモが逝くときに、私はモモのそばにいられるのだろうか？　ともう気が気ではなかったのです。それで、日頃お世話になっている占いの先生に、モモの亡くなる日を事前に聞きました。そこで「モモちゃんは、薫さんが出張に行っている間には亡くなりません。モモちゃんは薫さんに見送ってもらう気、満々でいます」といわれました。

それは、モモが亡くなる一〇日前くらいでしょうか。そのときのモモは、毎日の病院通い、そして今この瞬間に死んでもおかしくない、と病院からもいわれていましたから、私は先生に「もう、モモは食べないで随分経ちます。とてもあと一〇日も生きられるようには見えません」といいました。私は怖かったのですが、仕事のこともありましたので、モモが天国に行く日を事前に聞いたのです。占いの先生は、私が出張から戻った翌日の朝方あたりに天国に逝くと教えてくれました。

これは後から思ったのですが、亡くなる日が事前にわかっている、というのはいいことではありませんね。私はそのXデーを教えられてから、生きた心地がしませんでした。出張に行っている間は、一六年間一緒にいたのに、戻った翌日にはお別れするのかと思うと、仕事どころではありませんでしたし、出張先のホテルでは夜な夜な泣いてばかりいました。

そして、先生の予告通り、出張から戻った日の翌日の、深夜から朝方になる頃に、モモは私の腕の中で逝きました。

このことから一つ思ったことは、ペットは事前に逝く日をコントロールしている、ということ。これまで実家で飼っていたペットたちも、私が学校から帰ってくるのを待っていて、私のそばで亡くなる子たちもいましたし、中にはわざと私がいなくなった、ほんのちょっとの間に逝く子もいました。

モモは二年くらい前に大病を患い、いつこの世を去ってもおかしくない状態でしたが、その頃から、別れた夫との夫婦としての方向性が違ってきていて、モモは私たちの仲を取り戻そうと、必死で生きてきたと占いの先生にいわれました。これを聞いたときには胸が貫かれるような思いをしました。それでも、モモの最期は、「薫は、もう大丈夫ね！」という気持ちで去っていったようです。

もし、ペットの死に目に会えなかったことで今でもつらい思いをしている人がいたら、もう自分を責めるのはやめましょう。ペットは自らの逝き方もタイミングも決めているのです。あえて、飼い主のいない間に逝こうとする子もいます。もし、あなたのペットがそうだとしたら、あなたにはその理由がなぜかわかりますよね。

モモの場合、延命治療をかなり長い間していました。ほぼ毎日、約半日という長い時間病院にかかるわけですが、それに付き添ってこなしてくれた元夫には、本当に心から感謝しています。モモも彼と一緒に車に乗って、ほんの少しの時間、外を散歩するのがうれしかったと思います。病院に行くたびに、外で少しの時間散歩しているモモの写真が元夫から送られてくるのを見て、そう感じました。

しかし、病院に毎日通ってあの小さな脚に、何度も何度も針をさして点滴で延命をはかることは人間のエゴではないだろうか？　自然に逝かせるのがいいのではないだろうか？と悩んだこともありました。でも、モモは生きることに執着していたことが伝わっていました。「あとちょっとでいいから生きて薫のそばにいたい……」と勝手な想像かもしれませんが、私にはそう感じられてなりませんでした。

延命は飼い主に任されていますが、私が思うに、それはほとんどの場合、ペットの意思がちゃんと飼い主に伝わっていると思うのです。たとえ、延命をしなかったという選択でも、時間や金銭的なことでできなかったとしても、逆に、私のように延命の選択をしたとしても、安楽死を選択したとしても、どの選択を飼い主がしたとしても、ペットもそれを理解している、と思います。だからそのことで後悔も罪悪感も持たなくていいのです。

そして、ペットロス症候群の方に伝えたいことがあります。

悲しんでもいいですが、悲しみに飲み込まれないでください。これはモモが教えてくれたことです。

飲み込まれる、というのはもう、自分の意志や感情をコントロールできなくなるぐらい、悲しみにすべてを奪われてしまうことです。すべてというのは、生活も心も体も、思う通りに動かない、もう、世の中がモノクロにしか見えない、もう、何もしたくない、という状態になる、つまり、生きる希望を失う、ということ。それをあなたのペットは望んでいません。

そして当然、亡くなったペットの願いは、飼い主がまた笑顔になること。「もう、この子以外飼えません」と思い、泣いて暮らす日々が続いているかもしれませんが、あなたのペットはそれを望んではいません。心を癒してくれるのは、昔の思い出ではなくて、新しいペットを飼うことなのです。それを、先に逝ったペットは望んでいます。次のペットのご縁を紡いでくれさえする、と私は信じています。

次にもし迎える子が、子犬、子猫だったら、その愛らしい姿にものすごく癒され、またその子たちの世話もするようになるのです。そうやって、少しずつ少しずつ、一歩一歩悲しみから遠ざかり、以前のペットを思い出すと涙を流していたのが、いい思い出として笑顔になっていきます。

モモの火葬のとき、その体が棺《ひつぎ》の中に入れられ、そして炉の中に入れられる瞬間は、号泣しました。肉体がなくなることがこんなにつらいのか……と想像を絶するものでした。

その後、泣きながら待合室に行きましたが、入った途端、そこで飼われている二匹のチワワたちから歓迎の顔ペロペロ攻撃を受けているうちに、どんどん私の心は癒されていきました。私の涙でしょっぱくなったその顔は、ワンコたちの唾《つば》でベタベタになりました。そして、ああ、こうやって人は立ち直っていくのだな、と思うのでした。

『虹の橋』という物語があります。ペットは亡くなると、虹の橋を渡る、といわれています。しかし、実はペットは亡くなったときに虹の橋を渡るのではなく、私たちが天命を終えてあちらの世界に行ったときに入り口の虹の橋の前で待っていて、飼い主が来たときに一緒に虹の橋を渡るんだ、という物語です。

あなたのペットはどういう気分であなたを待っているでしょうか。ずっと心配したまま何十年もあなたを見守るというかわいそうなことになりませんように。それはあなたの生き方次第なのです。

あなたがこの世を去るときに、ペットたちに胸を張って会えるでしょうか？　そして、ペットを失った悲しみに何年も何十年も打ちひしがれて、その**ペットが天国で安堵することを奪ってはいないでしょうか？**　虹の橋の前でペットが安心してあなたが来るのを待っていられるように、今あなたが笑顔になる必要があります。無理して笑う必要はありません。泣いて泣いて悲しみに浸りきり、その後少しずつ悲しみが癒えたら、次のペットを考えてみてください。

もし自分の年齢的なもので、子犬を飼うときに、その子のほうが長生きするかも、と思われる場合は、同じく年を取った犬たちを迎える、という選択肢があります。若い子と違って、散歩のときに力一杯リードを引いたり、あなたの体力を奪うほど遊んであげる、ということをしなくてもいいので、それも一つの選択肢かもしれません。ペットを迎える、というのは生きる喜びがとてつもなく増える、ということでもありますから。

私には、虹の橋の前で待っているペットがたくさんいます。私は生まれたときから、犬と猫と共に成長してきました。しかし、その中でもモモは私が飼った私だけの犬、初めて家の中で飼う犬でした。特別な存在だったのです。死にたかったあの日に迎えて、生きる喜びを与えてくれた命の恩人ならぬ、命の恩犬でした。

モモといつか会える日を楽しみに、そして、今後ご縁があった犬を迎える日を、モモと一緒に飼っていた猫のマイケルと待っています。

不思議なことにモモは、すごく近い存在になりました。いつでも思い出すことができ、思い出したときには、近くにいるのでしょうね。四十九日までの間は、モモの気配がたくさんしました。足音やら匂いやら、「フガッ」というモモの声までよくしました。四十九日が過ぎてから、一切しなくなり寂しさに襲われましたが、それでも、クスッと笑えるような温かい思い出に包まれています。

あなたのペットもまたあなたが笑顔になる日を待っています。そんなペットを愛せるあなたですから、またペットを迎えても大丈夫！

COLUMN 4

愛犬モモとの別れ

私は、モモが息を引き取り、まだその体が温かいうちに、すぐにそのときのことを書き綴っていました。モモとの別れ、そして思い出。区切りがあるたびに、モモのことを書き、心の整理をしていたのです。同時に、ペットを亡くした方々への何か小さな気付きとなればいいな、という願いもあり、ブログに投稿していました。次の詩は、モモが亡くなって初七日のときに書いたものです。ペットを見送られたことがある方なら、誰もが経験している気持ちだと思います。

モモがいない～初七日・モモへの哀悼の意を込めて～

モモがいなくても空は青いし
モモがいなくても、猫のマイケルも私もご飯食べているし
モモがいなくても笑って仕事するし

モモがいなくてもお風呂に入ると
オヤジのように「あぁ〜っ」って声出してしまうし

モモがいなくても普通に世界が回っている

でも、モモがいないから、私の横がガラーンとしているし
モモがいないから、どこか空虚感があり
モモがいないから、心から笑えないどころか
写真を見ると涙がこぼれ落ちる

それでも、少しずつ、少しずつ
一歩、一歩、前に進みながら
モモがいない生活に慣れていく

しかし

モモが今ここにいなくても
やっぱりモモがいた思い出は残っていて
モモが今ここにいなくても
モモが残してくれた愛もやっぱりあって
モモが物理的にはいなくても
心の中には、物理的にいたときよりも
もっともっともっと近くにいるような気がして

モモが今ここにいなくても
モモはやっぱり色濃く存在している

モモがいないのに、あのモモのフサフサの毛の感触を思い出せるし、
モモのちょっと臭い口の中の匂いも、鮮明に思い出し、
そして、今でも近くにいるかのように、
モモが歩いた時に、フローリングに当たる爪のカチャカチャした音も、

寂しくて、「クゥ〜ン」という鳴き声も
大好きなリンゴを剝いているときに、
「ちょうだい！　ちょうだい！」という
吠える特有の声も、今でもちゃんと聞こえる。

残された者の寂しさは当然あるけど
それでも、残された者は前を見て生きていかねばならず
その生き方を、先に逝った者たちに見てもらうことを意識して生きる

あちらの世界に戻ったときに
「どおよ？　モモがいなくて超寂しかったけど
それでも生きたよ！　生き抜いたよ！」
との言葉を携えていけるよう
今日も普通の一日を淡々と
モモの存在を感じながら生きる

モモがいない……
でも、モモは生きていた時より、もっと近くにいる
腕に抱いた、いつものあの日のように……

二〇一五年一二月一七日　最愛の友だったモモへ

あとがき

別れは、次なる出会いのためにあります。これは法則なのです。別れた後はその悲しみや寂しさの渦中にいて、そういう前向きなことは考えられないことでしょう。しかし、ご安心ください。別れの後には、必ず出会いがあります。絶対にそうなのです。

あなたが付き合える人数のキャパはだいたい決まっています。人間関係は広げれば広げるほど、時間と精神力とお金が求められます。あなたは、無意識に付き合う人々の人数をちゃんとコントロールしているのです。

だとしたら、空いたスペースには必ず、誰かが入ってくることになります。ですからどうぞご安心ください。

恋人であれ、配偶者であれ、あなたがもし次なるところを望めば、必ずやそこには別の人とのご縁がありますから。

私も、五〇歳を前にして、まさか離婚を選択して一人で歩むことを決意するとは、数年前なら〇・一ミリも想像しませんでした。

不安がないか？　といったら一〇〇パーセント不安がない！　とはいいきれませんが、それでも私の中では、きっと望めばふさわしい人が現れてくれるだろう、という確信もあり、そして過去の結婚経験でのことを学びとし、また結婚というご縁があれば、その制度に入っていくことでしょう。

再びそれを望むかどうかは今はわかりませんが、その制度が面倒だと感じたら、ただのパートナーとしてお付き合いするかもしれません。もし、現れなかったとしたら、目の前の仕事をガツガツやろう！　とさえ思っています。「仕事が恋人」って寂しいように聞こえるかもしれませんが、ビジネスが好きな人には、その意味がおわかりになることでしょう。

パートナーに執着せず、自分の人生を楽しく謳歌していたらご縁はつながっていくものですから。

別れに関してネガティブな印象をお持ちだった人もいたかもしれませんが、別れを決断した人は、決断力が強まり、自立力、前向きな態度、学び、教訓、そして、それらを糧《かて》として次なる人生を歩む強さを得たのです。前向きにいきましょう。

「前向き」とは、文字通り前を向いて歩んでいくことです。後ろ向きとは、ことあるごとに、視点を過去に戻し、後悔したり思い出しては悲しんだりと、心身ともに悪影響のあるような意識の使い方をすることです。長い期間、そのような生き方をしていますと、病気を引き寄せてしまいます。

私も過去に、付き合っていた男性と別れてから、いつもその人のことを考えて夜になるとメソメソと泣いていたら、婦人科系の病気を抱えてしまいました。ただでさえ、別れて不幸な気分になっていたので、それはもう踏んだり蹴ったりです。思いのけじめをつけて、もう一生独身でいいや、と晴れ晴れと思ったときに、二度目の夫との出会いがありました。その夫ともこの度、この別れの本を執筆しているタイミングで、別々の人生を歩む決断をしましたが、今度はコツをつかんでいるので、不安はほとんどないのです。

出会った限り、別れがない人などいません。必ず一〇〇パーセント、別れが来ます。どんな形であれ、出会ったことは必然なので、何か必ず相手から学びを頂戴しています。「許せない」と思う感情や「憎い」と思う感情を無理に否定することはありませんが、それでも、いつか心に余裕ができたときには、出会った意味を拾ってみてください。必ずや成長があったはずです。そう思えたときには、生まれてきた意味もわかるかもしれません。

許しは相手のためにするものではありません。自分のためなのです。

さて、「別れ」というテーマでしたが、執筆中、今まで別れた人々が頭の中を駆け巡り、寂しい気持ちになったり、クスッと笑えたり、そしてひとりひとりを思い出しましたら、何よりも感謝の気持ちで溢れました。

そして今、私自身もこうして笑顔でいられますが、つらかったとき支えとなってくれたのは、愛する友たちと読者の皆さんの存在でした。私が表現者としてのワタナベ薫でいられたのは、皆さんのおかげです。心より感謝いたします。

この本が、皆さんが今後別れに直面したときに、さらなる成長と、前向きに取り組めるためのヒントになることを願っております。

二〇一六年一一月　ワタナベ薫

JASRAC 出 1613096-601

〈著者紹介〉
ワタナベ薫(わたなべ・かおる)　1967年生まれ。仙台在住。株式会社WJプロダクツ代表取締役。作家。美容、健康、メンタル、自己啓発、成功哲学など、女性が内面と外面の両方から綺麗になる方法を、独自の目線で分析して配信している。著書に、『美人は「習慣」で作られる。』(小社)、『運のいい女《ひと》の法則』(三笠書房)など。

あなたは、「別れ」でもっと輝ける!
2016年11月25日　第1刷発行

著　者　ワタナベ薫
発行者　見城 徹

発行所　株式会社 幻冬舎
〒151-0051 東京都渋谷区千駄ヶ谷4-9-7

電話:03(5411)6211(編集)
03(5411)6222(営業)
振替:00120-8-767643
印刷・製本所:中央精版印刷株式会社

検印廃止

ISBN978-4-344-03035-0 C0095
幻冬舎ホームページアドレス　http://www.gentosha.co.jp/

この本に関するご意見・ご感想をメールでお寄せいただく場合は、
comment@gentosha.co.jpまで。